社区营造专业教研书系·本土案例系列

成都城市社区学院-清华信义社造研究中心社造案例集联合编写小组成员

罗家德　杨　皎　谢蕊芬　孙　瑜　梁肖月

尹　雷　黎泽媛　吴张泽　李　薇　洪　伟

社区营造专业教研书系
本土案例系列

社区故事社区写
成都社区营造案例集

WRITING THE STORY OF OUR COMMUNITY
A Collection of Community Building Cases in Chengdu

成都城市社区学院-清华信义社造
研究中心社造案例集联合编写小组 编

社会科学文献出版社
SOCIAL SCIENCES ACADEMIC PRESS (CHINA)

前言

近年来，成都市一直在努力探索一条符合特大城市治理特点和永续发展理念的城乡社区发展治理新路径，通过创新各社会主体参与机制、提升场景营造能力，不断激发出社会活力来满足市民美好生活的需要。

自2016年以来，成都市以城乡社区可持续总体营造为着力点，激活全域全民积极参与的社区发展治理新体系建设已呈现诸多成果。在这个日新月异、宜居宜业的城市中，不断上演着与时俱进且福润生活的社区故事，而营造社区的行动者们最有资格对此进行记录与抒写。

因此，成都城市社区学院和清华大学信义社区营造研究中心组建联合编写小组，合力打造"社区故事社区写——成都社区营造案例集"系列。我们力图在成都搭建一个社区人写社区故事的平台，以"召集社区写作者—开办课程—辅导编写/实地调研—案例写作—成果出版"的流程，创新社区营造案例记录模式。首期培训了近40位参与者，从他们完成的案例中遴选出11个成都社区故事，集结成册，展现给读者。

我们希望编写小组通过整合资源、搭建理论框架、实地调研与写作指导，助力一批社区营造实践者成为有情怀、有方法的社区故事记录者，专业并温情地展现成都市社区营造的现实成果，让更多来自社区的声音被听到，让更多成都社区动起来的精彩历程被看到。

在此感谢本书每一位社区故事记录者的参与！更感谢来自社会各领域的爱在社区、深耕社区的行动者！

报告篇

成都市社区发展治理经验报告 / 3

专家观察：以人为本 回归民城 / 18

案例篇

农集社区公共性养成记
——成都市崇州市三郎镇（原）龙翔六顶小区 / 29

从院落治理到参与式规划
——成都市老旧院落微更新案例 / 42

"自娱团体走向互助共享"的佳苑之路
——成都市天府新区万安街道佳苑社区佳苑暖阳合唱队 / 65

"昌衡故里 田园渔乐"的美丽新乡村
——彭州市升平镇昌衡村乡村营造项目 / 85

"暖心故事坊"传递幸福
——成都市青白江区大弯街道怡湖社区 / 93

"种子小组"走出一条单位破产改制院落治理路
——成都市新都区新军街社区（原）/ 110

开创"专委＋社团"模式破解社区物管难题
——成都市成华区跳蹬河街道锦绣社区 / 122

打造临江记忆，重塑老国企文化
　　——成都市武侯区临江东路社区 / 144

古箭塔的新生机
　　——成都市蒲江县箭塔村 / 167

职工社区的"社造之路"
　　——成都市龙泉驿区宁江社区 / 200

"我爱大樟树"：营造空间　营造新愿景
　　——成都市金牛区金沙路社区 / 225

附录　"社区故事社区写"社区营造案例指导课程实施方案 / 238

报告篇

成都市社区发展治理经验报告

社区对于居民有着情感性和易接近性的功能和意义，是每个人从家庭走向社会的第一个空间。在社区中，人们面对面的交往有利于规范和网络的形成，从而使得个体能够成为集体行动的参与者，有效地实现人们的共同目的。20世纪70年代以后，随着政府失灵和市场失灵现象的出现，西方学界也开始关注合作治理的重要性，并且将社区治理视为政府与社会合作治理的一种形式，认为社区治理代表着公私部门界限渐趋模糊的治理风格，而不单纯局限于区别是国家责任还是市场责任。社区治理被认为是在接近居民生活的多层次复合的社区内，依托政府组织、社会组织和居民自治组织以及个人等各种网络体系，应对社区内的公共问题，共同完成和实现社区社会事务管理和公共服务的过程。

2018年，习近平总书记在深入上海基层视察的时候，对社区打通为老百姓服务的"最后一公里"的重要性进行了强调。政府掌握了大量资源、行政权力，社区是老百姓生活的场域。在这个场域，由于对政府管理的路径依赖，社区习惯于自上而下的行政命令，指望通过行政权力下移达成有效治理，且倾向于社区的公共事务由政府来决定，政府的责任通过社区去完成。在这样的情境下，政府会陷入包揽更多、责任更重、居民对政府更加依赖的困境，同时居民陷入缺乏社区责任的恶性循环，最终造成行政有效但是治理无效的局面。

因此，我们可以看到基层社会治理体制创新主要涉及四大关系：一是社区内部治理主体之间的关系；二是党组织和政府与社区的关系；三是社会组织与社区的关系；四是市场等其他主体与社区的关系。

成都市多年来一直在探索如何减轻社区的行政责任，更多由社区自主决定社区的公共事务，最关键的是在基层社区层面把社区还原成为居民参与自治的生活与邻里空间。

一　成都市社区治理的治权制度实践

在我国当前的历史阶段，社会体制改革和社会治理创新有三个方面，一是民生领域的公平，二是秩序领域的有序，三是激发基于社会主体性的社会活力，这使社会主体自身发挥提供社会服务、创新社会治理的功能，并与党政形成协同共治的合力。就对治权概念的界定而言，一种简单定义是由政府、社会组织、企业以及公民群体组成的多元公共治理主体协同处理公共事务、提供公共物品和公共服务的权力，亦即公共治理权力。因此，所谓"治权改革"是指围绕公共治理权力的结构关系而进行的改革，尤其是指针对作为公共治理主体的政府而进行的，旨在理顺政府、市场、社会、公民关系的改革。

成都市社区治理的制度安排尝试进行的第一步是将社区公共事务的决策权、管理权还归社区，把社区协商机制作为居民自组织的起点。它的起源是2007年成都市成为"全国统筹城乡综合配套改革试验区"，成都市进而推动产权制度改革、土地综合整理等与农民利益调整相关的一系列制度设计。在这样的情况下，要获得农民的配合和理解，一定要还权于民，所以成都市架构的是村级治理机构改革制度，让农民参与决策，赋予村民决策权。所有跟产权制度和土地相关的利益协调，都需要村民议事会参与决策，村民议事会决定这个村庄自己职责范围内的事情。

自 2007 年以来，村级治理机制改革的制度设计实现了"三分离""两完善""一加强"。分离是决策权和执行权分离，真正由老百姓自己的决策组织来决定后续的事务。村委会和居委会是村民自治的组织，它作为一个执行组织，执行村民议事会的决策。在改革当年，即 2008 年，成都市遭遇了"5·12"地震，经受了改革加救灾的双重考验。救灾物资的分配，灾后重建的选址、建设，救灾受助政策的享受，以及产权制度改革推进……为解决诸多在农村的利益分配调整的矛盾，成都市全部采取还权于民，民事民议，民事民定的办法。

成都市的基层政策制定者眼光敏锐、勇于担当，看准自主治理是当时可能产生比较好的社会治理效果的方法，因为只有通过当地人的相互沟通和协商，才有可能产生比较符合当地情况的行动规则，而外来的权威很难做到这一点。经过多年的实践，成都市在基层形成了一片土壤，它让村民逐渐有了参与意识，逐步有了议事能力和自我管理的思维方式；社区产生了民主的决策组织，还有协商的平台。

社区需要减负，政社需要归位，社区需要回归到居民参与自治的生活和邻里空间。成都市民政局发布《关于减轻城乡社区负担的十条措施》，列出了四项"职责清单"，也有相应的工作机制上的探索。比如，成都市武侯区将每一个社区需要为居民提供的政务类、行政类的公共服务总结为 139 项，全区每年投入 4000 万元，聘请社会组织为居民提供服务；锦江区通过街道管理体制改革，剥离社区的行政职能，社区的公共服务站由街道进行管理，街道进行服务，社区就真正还原为以居委会为龙头和平台形式组织下的、居民参与的组织——真正的自治组织。

二 成都市社区治理的公共资源配置实践

1. 投入思路的创新

从 2009 年开始，成都市设立村级公共服务和社会管理专项资金，出台相应管理办法，以这笔资金作为撬动自主治理的基点。每一个社区配备的人力、财力、物力都是由各级财政保障的，社区工作人员的工资，社区工作人员为居民服务的办公经费，以及社区的公共空间活动用房的运行经费，这些都不属于公服资金的使用范围。什么才属于公共财政？就是这笔钱一定是通过财政预算拨付到社区，由居民自主决定的。居民自主决定这笔钱的使用方式、使用方向、使用额度，这才叫社区公共财政制度。其使用机制是众事共议共决。因为每个社区、每个村都有一个议事会，民主协商是前置的，有这样的一笔钱，以众事共议共决机制实现了每一个社区、每一个村庄都有一笔参与式预算的社区基金。

民主协商的方式是居民提要求。居民的要求和想法怎样转化为议题和项目？这就需要议事会、项目评审委员会把这样的项目和方向找出来，由社区的自组织来提出要为社区的居民提供一些什么样的公共产品，实现什么样的公共福利。

赋能社区的公共财政制度有鼓励引导的实施方向，如社区教育、环境治理、志愿者服务、社区文化、社区互助、社区公共空间等。但在硬件的配置方面需要社区自行配置资金。如果社区要营造一个硬件公共空间，例如 20 万元才能做一个社区花园或者是社区公共活动空间，那么居民自组织团队要实现自行筹资 50% 以上才能提出申请。这对居民的参与能力、参与意识，以及自服务的内驱动力，其实有非常高的要求。目前，在很多地方的社区，都是政府直接投入资金、人力等，但投资以后还不见得让居民满意。成都市所引导的社区自行筹资，也可以其他资源折算的形式筹集。征集50%的资金不是目的，真正的目的是在征集这些资源和资金的过程中，激发居民对社区公共事务的关注和参与热情。通过社区民主协商还权于民，通过社区公共财政制度赋能于社区的制度设计，形成了有成都特色的参与式社区发展模式。

2. 投入方式创新

为了让社区治理"有钱可用、有事可议、有效果可享"，成都市在财政资金的投入方式上进行了创新。除了传统的政府购买社会服务之外，社区公益创投、社区公服资金、城乡社区发展治理专项资金在使用方式上都强调以社区居民的需求为导向、以居民自治机构（居民议事会和院落会议）的评议作为选择标准、以居民参与和责任分担为前提条件，让社会组织、社区自组织、基层政府把精力和财力聚焦于社区建设，促进社区治理的结构转型。

政府购买服务要求承接主体具有法人资格。由于社区居民委员会一般情况下不具备法人资格，社区不能作为政府购买服务的承接主体。购买主体可以通过向社会组织购买服务，然后由社会组织在社区开展活动。

在政府购买服务程序方面，成都市特别强调了"需求管理"的重要性。需求管理是从制度上要求政府购买服务的购买主体在实施购买行为之前应该对居民需求进行调查，以此作为政府购买服务的重要依据。2017年8月，成都市财政局发布的《成都市政府购买服务工作规程》第十五条规定：政府向社会公众提供的公共服务项目，应当通过四川政府采购网、主管部门官方媒体、发放调查问卷等途径就拟定的服务需求向社会公众征求意见，在充分考虑反馈意见的基础上，形成明确、完整的服务需求。

成都市的公益创投资金以社区服务和社区建设作为主要对象。2014年7月，成都市民政局发布了《成都市社区公益创投活动管理办法》，提出"以社区为平台、社会组织为载体、专业社工为支撑"的"三社互动"理念，由政府提供资金，引导社会组织满足社区居民需求、解决社区社会问题。为了让公益创投项目更好地进入社区，2018年，成都市的社区公益创投改由社区党组织书记作为项目的责任人，社会组织作为公益创投项目的承办方。

成都市通过设立城市社区公共服务和社会管理专项资金（简称"公服资金"），让社区有足够的资源开展自治活动。根据成都市财政局和民政局联合发布的《成都市城市社区公共服务和社会管理一般性转移支付资金管理办法》的规定，成都市财政对一圈层的区（市）县项目给予40%补贴，对二圈层的区（市）县项目给予50%补贴，对三圈层的区（市）县项目给予60%补贴。公服资金分为运行资金和项目资金。其中，运行资金控制在社区当年可支配公服资金总额的10%以内（且不超过3万元），用于召开社区议事会、院落议事会、社区居民需求调查、专项资金档案制作等，项目资金用于以居民为主体实施的自治项目。公服资金的使用方案由社区居民委员会提出，资金使用的详细方案需要由社区居民议事会表决通过，根据居民需要，按照"民事民议、民事民定"的原则使用。

2018年，成都市在社区层面设立了"城乡社区发展治理专项保障资金"和"城乡社区发展治理专项激励资金"。城市社区的专项保障资金按照"10万元+1500元/百人"的标准拨付，用于社区公共服务和发展治理项目。社区专项激励资金由市和区（市）县分别建立，优先支持党建引领、服务居民、社区营造、居民自治、网格化管理等重点项目。成都市的社区公服资金和专项资金在补助社区服务项目时均要求居民有一定自筹资金的比例，让社区的居民议事会和院落小组能够参与到社区公共服务项目的决策过程中，提高政府财政资金投入的精准性。

三　成都市社区营造的本土实践

1. 院落自治为探索

成都市是以院落自治这样一个本土的实践作为社区营造开端。成都市的老旧院落以前都是一些单位的宿舍。商品房小区兴起以前，有很多单位都配有宿舍。随着单位的改制，企业的破产、转型，这些单位的宿舍大多没人管理，不像商品房小区有业委会和物管。在这种情况下，成都市没有用政府的行政权力再下沉一步把院落也管起来，而是把政府的行政权力收回来，作为一个保障性的支持把空间真正地还原为居民自治的空间。具体做法是在每一个院落推选一个院落自治组织，这个院落自治组织的核心任务就是把院落的环境、卫生、安全、秩序等事情管起来，但是进入院委会的条件不需要一定是业主，只要是居住于此的居民都可以参加院委会的推选。通过自组织和居民共同协商自治规约，然后推进，用志愿服务的机制推动每一个老旧院落的准物业服务。通过这种方式实现居民从生活层面直接参与社区公共事务的常态化机制，整个院落的事务和财务完全公开。在这样的情况下，基本上实现了成都市老旧院落的准物业服务的全覆盖。后来发生了一些"倒挂"的情况。所谓"倒挂"是指，老旧院落的自治管理平稳有序，而商品房小区的业主、业委会和物业公司之间的矛盾频发。

后来从"三有一公开"到"五有一公开"，每个小区尽量去推动，并成立院落党组织。在这样的组织、机制建设的基础上，多方合力推动一些居民共同参与构建社区院落公共空间的实践。许多院落内建设了长者空间、市民驿站、幸福茶馆、故事长廊等。公共空间的特色就是社区居民可以无障碍地进入，在里面停留、交流、联结，然后逐渐形成公共关系网络。这样的"五有一公开"产生的是居民的自组织、居民自我管理规约，提供的是社区的准公共物品，形成的是自治的集体行动，产生的是社区的公共精神。

2. 社区营造的全域化

以上的尝试实践了几年以后，成都市开始进入社区营造全域化的推动阶段。成都市相关职能部门自2016年在城乡社区广泛开展可持续总体营造行动项目，不仅提供资金支持，还链接多方资源，为成都市城乡社区可持续总体营造行动项目提供智力支持、技术支持、人员支持、管理支持和服务支持。2018年3月30日，成都市民政局、中共成都市委组织部、中共成都市委城乡社区发展治理委员会三部门联合出台了《关于进一步深入开展城乡社区可持续总体营造行动的实施意见》，在《成都市民政局关于开展城乡社区可持续总体营造行动的通知》（成民发〔2016〕33号）的基础上，更加全面地阐释了城乡社区可持续总体营造行动的内容；更加系统地协调了各部门各层级各主体在城乡社区可持续总体营造行动中的角色；更加精确地分配了各部门各层级各主体的任务；更加充分地调动了全社会的参与，为全面落实中共中央、国务院和成都市委、市政府有关意见，长期、深入、有效地推进城乡社区可持续总体营造行动提供了有力保障。

社区营造的本质是社区的自组织过程，重塑区域认同感和凝聚力，达成社区自治。社区营造，主要是人的参与，核心理念是"造人"，先有一群人愿意改变，社区营造才能成功。因此，社区营造强调自下而上的社区参与、居民自助和社区文化重建，尤其在农村社区的营造中，注重对传统文化的重建，希望让更多的年轻人参与社区发展。其最终落脚点是要让居民与居民、居民与社区成为生命共同体。社区营造的目标是在居民自发组织的过程中，建构社区的主体性，提升社区的社会资本，提高社区的公共产品的供给和使用可能性。公共产品的使用也是解决社区的冲突和问题的过程，有助于提升居民的生活品质，提高居民的幸福生活指数。

成都市的社区营造坚持六个原则。一是居民主体原则。居民不仅是公共产品的消费者，同时也可以因为各个自组织之间的互助行为成为问题的提出者、组织化的参与者，以及另外品类的公共产品的提供者。二是共同参与原则。一定要把每一个参与公共事务的居民作为这一个问题解决方案的一部分，不管是出钱，还是出力。三是过程导向原则。因为在一个公共产品的提供过程中、一个公共空间的营造过程中、一个公共规则的协商过程中，人的转变是最缓慢的，是需要一步一步实实在在推动的。四是自下而上原则。在社区做社区营造解决所有的议题不能只是自上而下政府要求的，还要有社区的某一群人，他们自己愿意一起来推动改变的事情，一群人一起来做他们想做而能做的事情。五是权责对等原则。社区的权责对等更多的是表现为用一种志愿精神、互助精神，大家一起来众筹人力和物资，推动问题的解决，而不完全是用市场的交换机制或向政府索求的方式来解决一些问题。六是可持续原则。在社区解决问题的人是当地的志愿者，资源是从当地整合而来。有钱做事、有人做事合在一起就是可持续原则。

成都市社区营造的倡导路径，从形塑公共空间开始，也可以从开展公益项目开始，通过挖掘骨干、培育领袖、发展社区自组织、制定规则、针对议题建立规约来形成共识方案，并且推动集体行动，这整个过程就是成都特色的社区营造。在这样的情形下，通过活动项目化、居民组织化、组织公益化，进而呈现出环境生态化、邻里互助化、社区社群化、服务自主化、网络平台化，这些是自然而然的产出，不用去刻意推动。

整个过程是在成都市政府层面实施政策推动，目前已经发展成为全市居民参与的行动，其本质在于用社区营造的理念开展城市营造。不管是社区规划、社区建筑、社区公共福利、社区公共产品、社区环境，以及乡村振兴，所有称为"用"的目标，其内核都可以用社区营造的理念来推动实施。过程中有政府多元资金整合下的支持；有党校体系下的社区学院组织的各种社区能力和社区干部培训，市县区等各级民政部门组织的社会组织参与能力培训，枢纽型社会组织举办的社区培力学习，社会各界若干的论坛、工作坊，以及社区营造学习的自发型组织；成都市民政部门通过宣传平台和参与式评估等一系列的手段来推动社区营造的生根发芽。

社区营造激发出来的是成千上万的社区骨干、社区志愿者、居民自组织的活动，形成人人参与、人人尽责、人人共享的社区治理格局。这样的社区治理格局是通过社区的社会工作来推动，培养、锻炼出来的居民骨干就是社区志愿者，志愿者联结而成的是社区社会组织，社区社会组织推动的是社区互助，进而合力提供的是社区服务，形塑的是社区文化，推动的是社区自治，最终目的是实现人的意识转变和能力提升。

四 结语——社区营造的社会意义

创新社区发展治理就是创造各个主体都能够更好发挥作用的机制（这是政府的角色），让社会的活力进一步迸发。成都市各级政府部门和各类社会力量以唤醒居民的责任意识为起点与抓手，通过志愿行动、志愿机制来重塑社区的联结方式，重建社区的规则和秩序，重构社区的公共精神，弘扬互助利他的社区文化，增加社区的社会资本，再造社区的资源，激发社区的内生性发展动力。

目前大部分地区的社区治理更多的是从政府层面推动，社区内生动力严重不足。社区营造就是找到一套内生的发动机制，创造性满足社区的需求，提供公共产品、提升居民福祉、解决社区问题，实现社区的可持续发展。

通过成都市的社区营造实践我们可以凝练出社区营造的社会意义。

（一）社区营造持续明晰政府向下授权赋权的边界

社区是国家治理的最基层单位，在此层面权责利的清晰界定，有助于理顺治理体系的逻辑。目前我国的社区治理面临一个很大的问题就是执行层面与决策层面的职责划分存在混淆，作为社区事务执行者的社区"两委"被赋予过多行政事务权，无法调动社区自治决策者——社区居民的参与，使得居民无法有效行使社区决策的权力。社区营造的实践，有助于改变以往政府对社区事务大包大揽的局面，将政府想为社区居民做的事与社区居民对政府的需求有机结合起来，实现行政功能与社会自治的良性互补。社区营造的实践领域主要集中在社区文化建设、邻里互助关系打造、公共空间打造、古村落保护、养老助老等方面，议题集中于民生民需，而非政治议题。政府可以尝试通过社区营造，开放更多的共治领域，尤其是涉及民众福利而政府供给又缺乏效率的公共服务供给领域，让社会主体和社会资源能起到更大的查漏补缺或服务替代作用。

（二）社区营造持续激发居民自主参与，培育社区社会组织

社区营造的具体实施，将共同参与嵌入具体的各项社区公共事务中。例如，在文化生活领域，鼓励社区居民自发组建各类兴趣小组，开展活动，以

资源配置、受众需求等形式激发社区居民参与的热情；在社区环境领域，鼓励有公益追求的社区居民或成为志愿者或组建服务组织开展清洁、维护社区环境的社区公益活动；在文保社区、生态文化资源丰富的乡村社区，以组建社区导览队，开发社区资源为议题促进参与；等等。这些与社区居民利益息息相关的"接地气"事务，使社区参与变得更加容易。社区自主参与从松散的小团体到有运行规则的自组织，再到有更大主体性、正式运作规范性和对话能力的社区社会组织，这就是社区营造的精髓所在——社区居民自发组织的过程推动建构了社区主体性，增加了社区社会资本，提供了社区公共产品，解决了社区冲突与问题，提升了居民的生活品质和幸福指数。在这个过程中，培育发展社区自组织、社区社会组织，既是实现社区治理的有效路径又是社区主体性的充分体现。

在社区营造中，"对社区培力""对社区赋能"是关键的环节，其中，社会组织和专业人士起到了很大作用。从已有实践来看，一方面需要政府投入资源，以购买公共服务的方式聘请社会组织和专业人士，对这些投入社区工作的相关专业人员进行培训。另一方面，社会组织和专业人士对社区居民进行培训，从而提高社区居民参与公共事务的能力并以参与式辅导的方式教会他们工具的使用。例如，就参与公共事务的能力而言，社区居民如何发起议题、如何有效地通过会议形成共识或找到解决方案等方面的能力十分欠缺，基于此，国内不少城市及乡村社区引入了专业人士培训和辅导议事规则，将复杂的议事规则简化为社区版，教会社区居民在共同规则下议事；有社会组织通过承接社区微公益创投项目培育社区自组织，一路陪伴协力自组织发展壮大，给社区自组织充分的空间进行学习能力提升、组织目标演化并逐渐扩大参与社区议题的层次。这其中社区居民获得的自组织能力、协商议事能力、社区参与能力等正是进一步参与社会治理所需要的科学素养和民主素养。

（三）社区营造持续保育共同体土壤

成都市正在进行的城乡社区可持续总体营造所倡导的"出入相友、守望相助、疾病相扶、邻里相亲的温暖的生命共同体"，使中华传统文化的优秀内涵得以传承。这只是成都市社区营造中对共同体土壤加以利用的众多案例之一。社区营造的结果是社区人情与公益社会的养成。居民通过不断参与，人人走出家门，帮助他人、实现自我，居民从社区网络收获更多的"获得感"，从而增强对社区的感情依赖和信任。

（四）社区营造持续探索多方多领域合作共治

国内的学者和诸多实践者提倡将社区营造的着力点放在培育社区的自组织和自治理上，其本质依旧是政府、社会组织、社区以及企业等多元主体的合作及协商共治，但社区自组织是落实协商成果的关键依托力量。因为基层社区所面对的错综复杂的利益群体，涉及各主体之间的合作及协同意愿、开展的方式、相应的制度及具体实施的机制。如果没有多元主体间的协商合作，社区治理可能只是在微观生活层面得到有限改善；如果没有社区自组织力量为依托，协商合作、多元共治便会面临成为"空中阁楼"的尴尬。社区营造的实践，往往先选择容易展开实务的切入口，如社区的文化活动开展、互助志愿团体的建立、公共空间的软硬件打造等，在其过程中积累经验、升级社区需求、提升协同能力，探索适合国情的社区合作模式。这种以点及面、以面及体的试点模式在中国获得了有效的成果。社区营造的理念和实践可以为一般性的社区治理尝试构建出一套制度、路径，甚至可以为更大区域及更广领域的社会治理体系构建提供参考。

（五）社区营造培育社区公益，实现社会可持续发展

从社区治理的整体发展过程看，社区营造引领社区个体逐渐实现组织化，从治理的起点出发向更高更深层的社会参与处发展，有学者将社区居民参与的活动顺序界定为：基础环境与社会秩序的建构类、文体娱乐类、互助志愿和社会服务类、议事协商类、社区生计与微型社会企业类、社区发展基金类[①]。这个过程并非要逐一走过，但足以看出在社区营造的路径下，社区参与的进化以及社区公益的不断生成，越高级的阶段对社区公众利益、大众福祉的关照度越高，且明显带有社会创新的色彩。

从网络的视角看，社区营造建立起的是具有多样性、多面性特征的社会网络，其发展具有渐进性，对公共问题的处理更具柔性且更强调共识，这样的网络所形成的社会资本、汇集的社区公益对社区及地方发展具有强支撑性。这样的支持型网络可以跨越社区的界限，参与到更大的公益议题中，为更大区域公共治理所需的社会参与搭建平台途径。

目前在成都本土出现的良好社区营造环境固然可喜，但也有部分学者、实践者担忧其可持续性的问题。社区的策略是积极争取资源，借着社区营造对社区公共服务的支持、社区公益环境的孕育，改善社区生活环境、加强社区居民间的互动连带。借此过程把居民动员起来，加强社区间合作、社会公益议题的参与，以争取积累更多的社区资源（如以社区微基金、社区基金会的方式）流向社区，支持社区的可持续发展。社区营造过程中个人走向社区、社区走向社会、小公益迈向大公益的格局拓展，要避免过度社区主义的产生，同时也应避免过度强调当地的认同导致不顾任何较广大的

---

① 陈峰：《成都市城乡社区可持续总体营造的有效实践》，收录于城乡社区发展治理创新与变革：第二届全国社区发展与社区营造论坛论文集《中国社区营造案例集》，2018。

社会发展架构的危险。

总之，社区营造是促进社区治理的落地抓手，也是目前多地有效的基层实践。社区治理在我国面临的挑战也正是其运行生效所需的关键要素，包括公众参与、公共精神、公益、信任合作和协商协同。这些要素在当今社会为稀缺社会资源，社区营造是培育的恰当土壤，并且能从治理角度演化出一套经过实践检验的本土规则及制度的体系，如目前成都市呈现出的完善的社区治理体系。自下而上的参与自治与自上而下的行政推动可以有机结合，有助于公共服务的提供和人人公益合力下公众福祉的实现。

专家观察：以人为本 回归民城[*]

发展与治理是城市的两大主题，两者紧密关联、相依相存。一方面，城市的持续健康发展是城市治理的根基，城市发展的方向、模式和速度都会给城市治理带来新的挑战；另一方面，城市的良好治理是城市发展的保障，城市治理的体制机制和水平反过来也可能制约或促进城市发展。城乡社区治理是国家治理和城市治理的基础基石。成都市一直在努力探索一条符合特大城市治理特点和永续发展理念的城乡社区发展治理新路径。

一 发展与治理：全球化时代城市的两大主题

在全球化时代，城市发展和治理都面临新的挑战和机遇。全球化进程中，资本、商品、人员和信息等的流动性都大大增强，区域和城市愈发成为新的"竞争集合单位"。从某种意义上看，全球化也催生了地方化。需要清醒地看到，全球化具有内在的不平衡性。正如个人为了财富、权力和声望而展开竞争并形成社会分层一样，城市之间也围绕着资本、人才、游客等展开

---

[*] 首次发表于《先锋》，2017年09期，作者授权收录于本书，略有修改。

激烈竞争，在生产、贸易、金融、消费和知识的体系中占据不同位置，从而形成城市之间的分层。全球化时代城市之间以综合实力来角逐高下。英国《经济学家》信息部以"全球竞争力指数"对全球120个主要城市进行排名，美国《外交政策》杂志联合芝加哥全球事务委员会也推出了"全球化城市指数"。此类数据涵盖了城市的经济、政治、社会、文化、物质和自然环境等多个维度，表明城市发展包含了经济、社会、文化和生态的多个方面。全球范围内的"宜居城市""生活质量""优秀旅游目的地"等排名也成为城市竞争的重要组成部分。

全球化时代主体与客体惊人的流动性和复杂性对城市治理提出了新挑战。一个城市融入全球化的程度越深，其社会利益结构就越复杂，对城市治理的要求也就越高；而从统治转向治理已经成为世界性趋势。众所周知，治理是指各种公共的或私营机构和个人管理其共同事务的诸多方式的总和，是使相互冲突的或不同的利益得以调和并且采取联合行动的持续过程。其实质在于建立在市场原则、公共利益和认同之上的合作；不是单纯依靠政府的强制性权力而是依赖基于认同的多元化权威，通过公共部门、私营部门和第三部门之间的协商合作，最大限度地增进公共利益，实现城市的可持续性发展和社会公正。

城市治理在国家治理体系中具有举足轻重的地位。党的十八届三中全会提出全面深化改革的总目标是完善和发展中国特色社会主义制度，推进国家治理体系和治理能力现代化。十八届五中全会进一步提出完善党委领导、政府主导、社会协同、公众参与、法治保障的社会治理体制，推进社会治理精细化，构建全民共建共享的社会治理格局。

城乡社区治理是国家治理和城市治理的基础基石。在参加十二届全国人大二次会议上海代表团审议时习近平总书记强调，"社会治理的重心必须落到城乡社区，社区服务和管理能力强了，社会治理的基础就实了"[①]。2017年中共中央、国务院下发《关于加强和完善城乡社区治理的意见》，明确提出，要全面提升城乡社区治理法治化、科学化、精细化水平和组织化程度，促进城乡社区治理体系和治理能力现代化。

二 回归民城：城市发展治理之道

城市是我国经济、政治、文化、社会等方面活动的中心。改革开放以来，我国经历了世界历史上规模最大、速度最快的城镇化进程，城市发展波澜壮阔，取得了举世瞩目的成就。城市发展带动了整个经济社会发展，城市建设成为现代化建设的重要引擎。

在这场史无前例的城市化浪潮中，激烈的城市竞争也产生了明显的副作用。不少地方把城市发展片面简化理解为经济增长，忽略了城市发展中的社会、文化与生态等重要内涵和价值。在对"经营城市"的片面理解和"土地财政"的高度依赖下，不少城市经济的迅速增长是以"城市病"加剧、贫富差距拉大和生态环境恶化为代价的。城市本身作为商品，空间交换价值的逻辑凌驾于使用价值的逻辑之上并取代了使用价值的逻辑。有些城市高度重视招商引资，忽视民生保障建设、人居环境改善和生态自然保护，造成了城市"宜商性"远远高于"宜居性"。有些城市的规划建设更多地体现了"权贵美学"而不是"生活美学"，城市经营和开发造就了城市"贵族化"倾向；对旧城的大规模改造导致真遗产消失而假古董盛行，原有社会关系迅速解体，社区生活也被连根拔起；房地产价格飙升导致中等收入阶层不堪重负等。值

[①] 中共中央文献研究室编《习近平关于社会主义社会建设论述摘编》，中央文献出版社，2017，第127页。

得重视的是，城市发展带来的收益和造成的成本在不同社会阶层间和不同城市空间上的分布并不均衡，城市空间作为特殊商品所承载的社会资本和邻里网络、民众对场所的情感认同和集体记忆、城市环境的审美教化和生态功能等都是空间使用价值的一部分。

进入新的城市化发展时期，中共中央高屋建瓴，审时度势，提出了新的发展理念和重要部署。2013年12月在中央城镇化工作会议上，习近平总书记强调，"城镇化不是土地城镇化，而是人口城镇化"。"十三五"规划提出，必须牢固树立创新、协调、绿色、开放、共享的发展理念，推进以人为核心的新型城镇化。2015年中央召开城市工作会议，提出贯彻新的发展理念，坚持以人为本、科学发展、改革创新、依法治市，转变城市发展方式，完善城市治理体系，提高城市治理能力。特别是提出了"一尊重、五统筹"的工作思路：尊重城市发展规律；统筹空间、规模、产业三大结构，提高城市工作全局性；统筹规划、建设、管理三大环节，提高城市工作的系统性；统筹改革、科技、文化三大动力，提高城市发展持续性；统筹生产、生活、生态三大布局，提高城市发展的宜居性；统筹政府、社会、市民三大主体，提高各方推动城市发展的积极性。这一系列深刻论述，为城市发展和治理提供了系统科学的重要理论指导。

无论是城市发展还是城市治理，都可以归结为"民城"二字。在2015年12月中央召开的城市工作会议上，习近平总书记强调，"坚持以人民为中心的发展思想，坚持人民城市为人民。这是我们做好城市工作的出发点和落脚点"。城市的核心是人，关键是12个字：衣食住行、生老病死、安居乐业。"民城"从根本上来说应该是"民有、民享、民治"的城市，需要发挥广大市民的主体性和创造性，落实民众的知情权、表达权、参与权、选择权和监督权。在城市发展治理过程中，不能仅由少数精英结成"增长联盟"来把握城市的命运，而要为城市发展提供广泛的民意认同基础和公众参与渠道，探寻城市不同社会阶层的最大公约数，把城市建设成新老市民的宜居之城，切实提高城市居民的生活品质和城市的综合竞争力。

三 成都市探索：两层次两面向的统筹结合

作为历史底蕴深厚、文化个性鲜明、经济发展迅速的西部特大城市，成都市近些年来在城乡社区治理方面取得显著成效和可贵经验，特别是在社区党组织领导下的村（居）民议事会、社区公服资金、院落居民自治、社区协商共治和社区营造等方面敢为人先，积极探索，在西部地区乃至全国范围内均产生积极影响。

在新的阶段，成都市梳理出城市发展治理中存在的一系列问题和难题，诸如发展升位与宜居移位相背离趋势、城市宜居性明显降低、医疗教育等资源分布不均衡、城市人口持续增长带来的治理压力、市民利益和需求难以有效适应且呈现多元化、社会发展活力不足、基层组织的职能错位等。在直面问题、正视差距的基础上，成都市正在努力探索一条全面体现新发展理念、符合特大城市治理规律的城乡社区发展治理新路。

中共成都市第十三次党代会提出了"建设和谐宜居生活城市"的奋斗目标。2019年成都市城市社区治理发展治理工作领导小组办公室正式发布了《成都市城乡社区发展治理总规划（2018—2035年）》，提出"2025年建成舒心美好、安居乐业、绿色生态、蜀风雅韵、良序善治的高品质和谐宜居生活社区"，做出深入推进城乡社区发展治理的决定，鲜明地提出要"把转理念、转职能、转方式、转机制、转形态贯穿社区发展治理的全过程"，在具体举措上提出老旧城区改造、背街小巷整治、特色街区创建、社区服务提升和平安社区创建"五大行动"。这些思路和举措认真贯彻了习近平总书记重要讲话精神，具体落实了中央对城市工作和城乡社区治理的新部署和新要求。

新阶段成都市实践探索的鲜明特点是把城市与社区这两个层面、发展和治理这两个方面都更为紧密地结合起来。

首先，遵循新发展理念，找准城市发展定位。成都市坚持高品质生活的战略导向，提出"建设和谐宜居生活城市"的目标，把"生活城市"视为城市发展的"最高境界和最持久的竞争优势"。生活城市的本质是人性化，特征是宜居性。这遵循了"以人为本"的发展理念，体现了城市发展取向由以GDP为中心向以人民为中心的转变、从工业逻辑向人本逻辑的回归；把城市生产、生活、生态三大布局统筹起来，把乐业和宜居统一起来。随着经济发展和收入提高，城市居民对于生活品质、人居环境和亲近自然等方面的要求越来越高。"创意阶层"理论就认为，在知识经济中至关重要的创意阶层具有后现代的价值观，他们更看重城市的包容性和生活品质，城市的自身魅力符合其偏好才能吸引创意人才，资本进而跟随而至。但"宜居性"并非特定社会阶层独有的奢侈品，而应该成为全体市民共享的必需品。在城市中"诗意地栖居"是每个市民憧憬之梦。

其次，以城市发展引领社区发展，以社区治理夯实城市治理。城市发展治理与社区发展治理密不可分。城乡社区是城市发展的重要组成部分，不能独立于城市发展进程之外。城市工作综合性、全局性很强，但无论城市发展还是城市治理最终都会落脚在社区。成都市正是以社区发展治理为突破口和抓手，以城市发展引领带动社区发展，以社区治理夯实提升城市治理。一方面，成都市在"生活城市"总目标指引下提出了建设"品质社区""活力社区""美丽社区""人文社区""和谐社区"的具体目标和各项举措；另一方面，从城乡社区发展的微观层面落实城市发展的持续性和宜居性,以加强和完善城乡社区治理来夯实城市治理的基础、推动城市治理的精细化发展。

最后,城市发展既体现于社区发展,又不等同于社区发展,两者之间会有脱节甚至背离。城市发展往往会带来城市内部不平衡问题,阶层的贫富差距越来越通过空间差异和社区差距体现出来。无论是从发达国家还是从发展中国家城市发展的经验教训来看,社会问题往往突出地聚集在城市中某些特定社区,从而成为制约城市持续发展的"瓶颈",甚至在一定的条件下酝酿成影响政治社会稳定的"导火索"。因此,要注重社区之间的发展不均衡问题,这既包括城乡社区之间,也包括城市社区内部之间;尤其需要避免优质资源在部分城市地区过于集中,而"城市病"的代价由另外一些地区过度承担。中共中央、国务院《关于加强和完善城乡社区治理的意见》中特别强调要补齐社区人居环境、城乡社区综合服务设施建设等城乡社区治理"短板"。弥补这些短板正是社区发展治理的题中应有之义。

党的领导是贯彻社会治理和城市治理全过程的主线和关键所在。如何增强党组织的凝聚力和号召力,如何提升党组织服务改革、发展和民生的能力、整合各方资源开展共建的能力、协调利益和化解矛盾的能力、引导组织多方协商共治的能力,这些都是城乡社区发展治理中非常重要且有待破解的命题。成都市以党组织建设为关键,努力探索基层党建引领社区发展治理的新路径。城市层面,在市、区(市)县两级党委专门设立城乡社区发展治理委员会,负责统筹指导、资源整合、协调推进、督促落实;社区层面,把加强基层党的建设、巩固党的执政基础作为贯穿社会治理和基层建设的主线,不断完善"一核多元、共治共享"的社区治理机制。

"以人为本"的"民城"不仅着眼于不断满足市民的各种需求,更要尊重市民居民的主体性,让市民居民发挥其积极性。随着改革开放不断深入,社会结构和利益格局复杂化、利益主体和价值取向多元化，居民的权利和参与意识不断增强，对城市和社区发展的关注度和参与度日益提高。扩大城市和社区公共事务治理中的公众参与范围是建设"民城"的题中应有之义。在城市和社区的发展治理中，市民居民不仅是服务对象和评价监督者，更应成为参与者和建设者。特别是在社区资源配置、城乡社区规划、社区服务提供、社区总体营造等方面要不断拓展居民参与的渠道，提升参与的能力和水平。"山不在高，有仙则名。"城市不分规模大小、经济发达程度，只有培养出具有高度责任感、理性沟通精神、有效参与能力，为城市发展积极献计献策，对各项工作主动监督的市民主体，这样的城市才能够真正赢得未来。

发展为了市民，治理依靠市民。唯其如此，才能使城市和社区"更有温度"，市民和居民生活"更有质感"。愿成都这座历史文化名城在社区发展治理的道路上不断探索深化，由"民城"而名城，因善治而美好。

（作者：肖林，中国社会科学院社会学研究所副研究员，民政部"全国基层政权和社区建设专家委员会"青年委员。研究领域为城市社会学和社区研究，承担并参与多项省部级科研课题）

案 例 篇

农集社区公共性养成记
——成都市崇州市三郎镇（原）龙翔六顶小区

◎ **引语**

公共意识是指个人能够清晰地感受到"公共的特性"并能自觉遵守"公共"的理念指导自己的行为。

◎ **案例概述**

成都市崇州市龙翔六顶小区的社区营造通过居民共同参与、公共制度约束、共同文化认同、共同协商议事方式，解决社区问题，引导居民探索适合社区的自治管理方法，营造舒适的院落环境，助力居民、社区、政府、组织多方联动推动社区发展。在意识层面以院落打造的效果来影响居民意识，通过院落打造的过程，以及院落之间的互动，引导居民在自治管理和公共意识上转变，让社区治理变成一个"造血"过程而不是简单的"输血"过程。

一　缘起

三郎镇[①]位于崇州市西北，处于山区与坝区交界地带，面积104.18平方公里，山区面积占95%，辖和平社区和天国、欢喜、三台、益善、凤鸣、红纸、茶园7个行政村，100个村民小组。"5·12"地震后，由于受到灾害影响，2010年三郎镇将全镇2/3的散居居民安置于龙翔六顶小区，位于崇州市三郎镇天国村，成为典型的农民集中安置小区，该小区占地480余亩，安置居民1230户，5280余人。住户涉及七村一社区，其中天国村87户，欢喜村85户，三台村38户，红纸村50户，益善村64户，茶园村471户，凤鸣村263户，和平社区172户。房屋分配和居民住户管理由社区管委会统筹管理。村民行政管辖归属等仍由原籍各村管理。

二　问题和根源

龙翔六顶小区自2011年居民入住构成社区，社区历史太短，没有文化积淀，社区认同没有形成。农村居民从散居到集中居住、从山区到坝区的变迁，在居住方式和环境转变的过程中遇到种种不适应，这情况在社区管理过程中不断出现。小区内行政管辖单位多，包括七村一社。小区内楼栋数混乱，居住散乱，管理户多面广。社区环境、治安、卫生等管理制度不健全，居民之间矛盾多，表现为社区居民无归属感、社区管理无抓手、居民参与度低、社区无活力。

生活在龙翔六顶小区的居民，是从三郎镇各村搬迁安置至此，三郎镇地

[①] 2019年12月，成都市人民政府决定，撤销三郎镇，将其划归街镇管辖。本文为表现2019年前的情况，因此沿用"三郎镇"。

处平原和大山的交界，拥有平原的开阔与大山丰富的资源，植被丰富，空气清新，环境优美，樱花美丽。这些因素让三郎镇居民在生活环境方面对高品质院落有更高的要求。然而这里毕竟是农村，又是震后安置小区，基础设施不如城市社区，对居民的生活品质有一定影响。院落作为居民日常生活的最小组织单位，其舒适度、变化发展与社区居民息息相关；居民有参与院落治理与发展的需求，院落发展的好坏与社区居民参与度密切相关。

来自七村一社的居民，占三郎镇一半以上的人口，虽然统一居住在龙翔六顶小区受社区统一管理，但是村民生产（土地归属）和居住分离导致村民办事依旧回到原有的村级行政单位（各村管理）。居民对于社区管理和村委管理权责不清晰，社区管委会很难发挥出统管功能，对社区管理及居民的行政管理、居住管理很难界定，让居民分不清社区管理的具体职能作用，虽然社区内公共事务统一由社区管委会负责管理，但居民对此并没有概念。迄今为止7年时间，社区管委会在居民心中位置尴尬，统管作用发挥的不够理想，有提升在社区中的威信，发挥统管作用的需求。

三 社区营造——社区院落治理的方法和路径

在成都市的社区营造中崇州市龙翔六顶小区的社区营造服务旨在引导居民作为社区一分子发挥主人翁责任意识，积极发挥居民在社区治理中的作用，引进社会组织形成政府、社会组织、社区之间的联动，各自发挥力量，共同参与到社区治理中来，共同谋求社区发展。探索出参与社区自治管理的方法，以居民主导创造舒适的居住环境，集多方力量推动社区发展。在意识层面以院落打造的效果来影响居民意识，通过逐个院落打造的过程，以及院落之间的互动，引导居民在自我管理和公共意识上转变，培养社区公共性。

入住 7 年，发现社区内存在不少历史遗留问题，小区绿化、环境卫生、治安、路灯等，居民对小区满意度较低；社区太大，楼栋数混乱，居住散乱，管理户多面广；社区管理不健全，居民之间矛盾多，参与度低。在这样的情况下，我们进行了三个阶段的规划和探索。第一阶段，以院落为单位，让社区管理有抓手，以院落的管理形式缓解大社区管理混乱的问题；第二阶段，以社区具体问题为切入点，推动居民参与，让居民学习，包括如何开会，如何沟通，如何与社区、政府对话，如何科学、合理地表达自己的需求，并找准正确行动渠道；第三阶段，搭建对话平台，打造公共空间，以及议事场所，推动居民尝试用自己的方法在平台对话，形成良性互动机制解决社区问题，发挥居民在社区治理中的作用。

以居民参与为手段，以院落打造为切入点，提升居民的参与意识，共同参与社区建设，发挥居民在社区治理中的作用，着力解决社区问题，倡导形成院落化的社区管理格局，提升居民的生活品质，形成对社区的归属和共识，培养社区公共性。

四 行动过程

（一）进入社区

社工来到社区后先和社区"两委"进行联系和对接，之后在社区走访，联合居民一起绘制社区地图，让居民对自己居住的社区熟悉起来，居民逐渐了解有社工在社区开展工作，于是建立了一定的工作关系；这样一段时间过后居民明显开始了解到社区结构性的东西，重新全面认识社区。比如说居民能空间化地知道自己居住的社区是什么样式，什么形状，自己居住在社区的什么位置。

(二)重构社区

原来社区管理在小区中是很尴尬的一件事，因为我们没有实际的权力去约束居民，我们就像物管一样，提供社区环境、卫生、治安等服务，然而居民不缴纳物管费，由政府买单，但是经费有限，很难为社区提供全方位的物业服务，造成双方矛盾，社区管理方面存在很大问题，无法跳出传统的村级管理体制，处处受限。社工与居民和社区联合起来对社区地理空间进行重构之后，改变了管理格局，搭建社区治理行动框架，用"院落式"打下管理基础。把拥有5000多人的大社区变"散"为"整"，改变以前界限不清、权责不清的状态，社区管理有抓手。以院落为单位开展社区治理工作，营造和培育院落归属和凝聚力。建构居民、院落、社区的共同经历，营造共同回忆，以院落的形式整合居民和资源，用全域性的社区活动调动社区氛围，让社区活起来，同时居民能够寻找到参与的途径和方法。这是社区、社工和居民都认同的观点。所以围绕这个目标开展系列推动社区自组织自治管理的活动——绘制社区地图，院落会议，院落茶话会，院落名称命名，社区运动会，社区团年饭，社区邻里节。

几个月下来明显不一样了，管理方面，以前都是管理到每户，面对一千多户，太难了，而现在是面对33个院落。以前居民之间互动，不知道谁和谁，现在知道了是某院落的某某和某院落的某某，以前就是社区，而现在是社区中我们的院落，以前都是某村的某某而现在是某院的某某，找人更方便了。社区管理起来也找到方法和门路。走进社区可以看到，茶余饭后，夕阳余晖之下，院落中居民自己带着凳子，在院落的一处商量着："我们院落门口有棵金桔树，我们叫金桔院""我们院落老年人最多，我们叫长寿院""我们希望院落鸟语花香，我们叫鸟语花香苑"……每一个院落名字就是居民共同的期待，描述院落特色的同时就是居民公共性养成的过程。此外每年的节日活动也是以院落为单位开展，居民院落内部的凝聚力明显增强了。

（三）组织培育

社区管理离不开社区自组织，社工培育社区管理组织并进行组织建设对社区进行培力，过程中增权赋能，建构"院落长"角色，以社区院落长的培养推动院落自治。社区与社工联合院落居民选举院落长，培育院落长组织形成结构完整、职能清晰的社区自组织，作为纽带，带领院落居民参与社区自我管理。对于社区居民，希望能解决自己在社区中遇到的问题，让自己在社区生活顺畅和舒适。

1. 选举

社区领袖培养需要公平性，首先是选举，选举的时间、地点、方式都需要多方主体达成共识。社区采用的方法是开会，以传统开放性开会的形式来共同推举院落长。框架搭建起来之后则是社区能人培养，能力建设，强化身份角色，推动组织成长，并创造条件让自组织参与到社区事务。

2. 表彰

在第二届社区运动会的闭幕式上，社区对六十多名院落长，进行盛大的表彰，让自组织成员感受到居民对他们的信任，表达政府、社区对自组织的认可，赋予成员成就感，创造能力提升的平台，明确参与社区事务的条件。

3. 学习

通过学习，让居民学会开会，学会表达自己的需求，学会管理自己的院落，最终形成院落长会议制度以及院落会议制度，充分发挥院落长的活力。召开院落长会议，开展培训、学习、参访，院落长组织团建活动，最美院落评选，院落打造。

4. 曲折

一些历史遗留问题没有及时解决，导致有部分院落长退出，甚至有2个院落也选择退出。

5. 成长

公共性形成——院落长组织联名报请政府和社区关注社区急需议题，最后多方参与，召开联席会议，问题得到回应并部分解决。

（四）建立组织议题推动社区公共性产生

召开自组织会议（院落长会议）讨论社区公共事务，以院落环境改善为目的进行院落打造行动，社区自组织充分发挥作用和能力，推动社区改变。社区自组织参与多场院落长会议，明确各院落工作，收集院落居民意见，负责院落红白喜事、环境、卫生、会议、行动、监督。为了院落停车棚修建，他们召开院落会议，院落打造和院落打造会议等活动推动共同成长，需要社区、居民和院落长一起努力，但是由于院落长能力不够、信心不足，同时对院落集体资金管理没有建立良好机制，加上居民对政府的支持政策产生怀疑而使社区工作呈现出一些倒退现象。

（五）以公共行动解决社区问题推动社区公共性形成

在社区，居民参与社区院落式社区治理最终是要解决社区问题。居民集中安置小区，最大的问题就是管理不善，导致公共用地争夺，违建现象频繁出现，既影响环境美观，更影响邻里和谐。社区初建之时，公用面积分配比较合理，但是为了生活便利，部分居民开始违章搭建，居民希望有公平的公共空间，政府也希望将公共用地归还居民。所以政府通过拆除违章建筑行动,归还居民公共空间。自组织参与社区事务,推动社区改变,利用归还的公共空间解决社区历史遗留问题,电瓶车、摩托车失窃是院落打造公共行动的第一步。

院落打造包含三个部分:统一停车棚修建、院落公示栏设计打造、院落绿化设施打造完善。

(1)统一停车棚修建

院落停车棚修建是居民和政府一直都想做的事情,以院落打造为切入点,结合政府规划以及车棚修建补助政策,前往33个院落召开院落会议,社区政策解读、社工宣传动员、社区自组织组织(院落长组织)、居民参与讨论决策。以试点带动局部再影响整体的方式结合院落居民意愿以及院落的实际地理条件,同时评估院落居民对停车棚的真实需求程度综合考虑,尊重居民意愿,实行自筹+补助的方式,自愿参与停车棚修建。实行政府支持,社区协调,院落监管,社工配合的模式。对有意愿做公共停车棚修建的院落由院落长组织本院落居民统计电瓶车个数、所需土地面积、修建位置定点、居民自筹经费情况汇总至社区整理报备政府分管领导批准后与院落长和居民骨干进行对接并开始进行院落停车棚修建。没有意愿的居民邀请其参观了解进行院落停车棚修建的过程,政府补助政策保留至本年度11月份。

(2)院落公示栏打造

社工瞄准需求后开展院落公示栏设计大赛,由每个院落居民参与设计本院落公示栏样式、材质并绘制成平面图,在社区不同区域进行为期一周巡回展览并由全社区居民投票评选出最合适的前5名,为院落公示栏打造行动进行调研和宣传。以居民会议为平台,结合院落整体情况、院落发展状态,以及对院落公示栏的需求程度,对院落进行最美院落评选,院落长集体开会商议评选标准,最美院落评选后进行公示,召开联席会议结合政府规划进行公示栏打造，完善社区院落基本功能。

（3）院落公共设施打造（温馨快乐院）

社工在对院落长培力的过程中组织院落长前往优秀地区参访，院落长通过与自己院落对比发现，院落需要整洁的环境，于是院落长组织院落邻居商量讨论，决定改变现有的糟糕环境；政府看到居民有转变意识，愿意积极主动改变现状，对此非常支持，在经过党委会议后确定对院落打造行动进行政策支持，第一个打造院落政府支持2/3，第二个打造院落政府支持1/3，以后逐渐减少，鼓励居民行动。温馨快乐院居民召开院落会议进行院落打造讨论后将院落打造意向向社工、社区进行反映。社工与社区商议前往院落协助院落长召开院落会议，解读支持政策，收集居民院落打造意愿和方案，协助院落形成手绘草图，测量尺寸绘制院落打造平面图，形成院落打造预算方案图，根据方案图，汇总至社工站，院落长进行确认，经过多次沟通，完成院落打造平面的设计图和预算。社工站搭建对话平台，邀约社区分管领导和院落长，形成三方平台（社区、社工站、院落长）对方案进行讨论，结合政府规划确认建设方案，同时给出建设性修改意见，进行调整，院落长将信息及时反馈给居民，居民进行筹资，由院落长收集，社区分管领导组织召开会议，进行资金匹配。院落居民开始组织实施，联系施工方，进行材料购置，开始打造，打造过程中由院落居民进行监督，居民筹集资金为订金，由政府分管领导进行尾款支付。整个打造过程持续近一个月，打造以后的温馨快乐院院落焕然一新，院落大门的修建，让居民对自己、对社区都更加有信心。

（六）以院落实现自主管理巩固社区公共性

良好的院落环境是居民共同维护的，如果居民没有转变意识、创造有效的管理方式，即使院落打造完成，依然没有办法保持院落居住环境整洁，社区公共性形成后居民意识逐渐改变，特别是居民对于家的归属，对于共同环境的维护和归属。在农村社区引进物业管理，村民难以习惯，但是村民意识到公共环境需要在共同参与的基础上商议出适合院落的一套自治持续管理方式，建立属于自己的独特物业管理制度，温馨快乐院居民提出每年每户支付100元，共计2700元，作为院落卫生维护劳动费用，发放给院落门卫，希望院落环境始终保持整洁，大家共同享有干净的院落环境，共同拥有温暖的院落。

（七）社区公共性养成后的成果

1. 院落打造11步经验推广

通过居民筹资+政府补助等方式推动社区院落环境明显改观；在过程中，促进社区内信息流动，起到上传下达的作用，推动政府、社区与居民之间的联动。提高居民参与社区自治的意识，在社区中营造对话协商解决问题的良性氛围，解决社区问题。

同时院落打造行动结果可以继续推广和应用，通过龙翔六顶小区社区营造中院落治理复杂的过程，总结出院落打造11步，一步一个行动，形成整个打造方法和打造流程。

居民有打造意愿（1）	社工前往院落开会（2）	共同协商院落打造方案（3）	院落打造方案讨论和绘制（4）	院落打造方案上报政府（5）	院落打造方案修改和资金配比（6）
三方平台上最终商定院落打造方案和资金配比情况（7）	居民进行院落打造资金筹集（8）	政府对打造资金进行配比（9）	邀请施工方入场，居民参与并监督（10）	完成打造工作（11）	

图1　院落打造11步

2. 居民广泛参与社区公共事务，实现农村院落自治管理

院落长自组织与社区紧密配合，充分发动居民建立更加完善的机制，明确院落长更替机制，社区活动决定会议在社区路标建设、最美院落评选、安逸院公共停车棚修建（院落长牵头居民共筹共建共享）等社区事务中广泛发挥院落长和院落长组织作用，持续稳定的推动社区发展。

五 结束语：深度参与社区治理，以组织力量构建理想生活方式

在崇州市龙翔六顶小区的营造过程中，**第一部分是巩固已搭建的院落文化，持续运用优势视角进行赋权增能，搭建沟通平台。**每年持续开展社区节日活动，后期社工角色淡化退出，将居民引导至社区治理的主导位置，即活动怎么开、什么时候开、用什么形式以及具体如何执行等一系列问题，以院落长组织会议的形式一一回应，社工引导会议进度，对社区自组织进行能力建设支持。例如，龙翔六顶小区院落长 2018 年 1 月召开的第一次院落长会议，就第三届社区运动会召开一事由院落长采用罗伯特议事规则进行讨论，很快讨论出结果，并成功执行；过程中居民还对社区其他方面的诉求进行充分讨论并以文字形式呈现，然后递交社区，由社区转交政府，并在 2 月中旬得到政府回应，与院落长一起召开联席会议，将乡政府规划以及社区细节规划对院落长做陈述，并由院落长反馈至社区居民，通过邻里情感以及院落文化有效缓解个别事件的沟通不畅问题。此外，这种形式有效链接了居民、社区、政府，给居民信心，给政府信心。整个过程中，明显看到居民增能后所参与的事情远远高于社区原本的期待。居民通过参与社区治理，可以有效激发潜能，使立体作用得到充分发挥。

第二部分则是将机制良性运作并助力居民行动。龙翔六顶小区居民参与

社区治理的原始动力是希望拥有理想的生活环境。谁来建立理想生活环境？在有限的资源下优先给谁资源？谁来决定？怎样才能公平？居民在这个过程中需要做什么？在回应这些问题的时候，社工采用的实务方法，是将问题主动权返还给居民。以最美院落评选以及院落公示栏打造系列活动为例，首先社工通过社区院落的优秀院落长评选契机，制作各院落选票，通过院落会议的形式将选票分发给居民进行评选；同时宣传政策，给居民足够的信息，然后召开院落长会议，与社区管委会、社区院落长确定最美院落评选活动评审标准初稿，召开政府、社区、院落长、社工四方联席会议，确认评审标准。院落报名参与最美院落评选并签订协议，组建院落长评审团对最美院落进行打分评选，社工、政府给到优秀院落资源并组织院落长召开院落会议商议资金使用办法和使用范围，居民自主实施。打造过程中院落公示栏的核心版块为"我有话说""共同讨论""共同行动"，作为技术，以简单逻辑方式助推院落长带领院落居民在面对院落问题的时候自主商议、自主决策、共同行动。在这个过程中龙翔六顶小区安逸院是一个成功案例，院落居民在这个过程中以社工给出1200元自主打造经费撬动居民自筹经费4万余元，自主商议实施修建院落停车棚、完善院落基础设施，改变院落整体环境。这充分说明居民参与才是社区治理之根本。

我们所理解的社区营造

社区营造从人、文、地、产、景五个层面进行一定区域的总体营造行动，不管是文化营造还是产业营造都离不开"人（社群）"，营造的核心和根源是人的参与（居民参与），通过参与改变意识并促成公共行动，以行动完善机制、设施，建构理想生活方式。

为助推崇州市三郎镇院落化管理模式的完善以及居民参与的公共性和体系性，我们从治理格局、文化形成、机制完善、意识转变、公共行动、院落改观、信息畅通等几个主要脉络来进行规划和设计，这个过程中，社工既是专家角色，也是理想社区规划师角色。

其中社区营造首先是文化的形成，文化既是基础也是搭建行动整体架构的基石，且用时最长，经历最多。其次在机制完善、意识转变中需要具体操作技术和时间节奏作为支撑，推动居民形成有需要能表达，能表达能思考，能思考能行动，能行动能反思的"四能"思维模式。最后，不管是社工还是居民要有"被点醒""是这个理"的感觉。这是成长的过程，更是发展的过程，也是社工赋权，居民增能的过程。

社区故事写作者：杨琴，2011年毕业于绵阳师范学院社会工作与管理本科专业，法学学士。四川灾害救援队成员，成都市"蓉城最美社工"，崇州市首届优秀人才，中级社会工作师，现任崇州市社会工作协会会长。2011年加入社会工作行业，先后在绵阳、北川、绵竹、雅安、都江堰、崇州等地开展农村社区社会工作服务。长期致力于在农村社区开展社区社会工作服务以及农村社区发展探索。

从院落治理到参与式规划

——成都市老旧院落微更新案例

一 背景

(一)政策背景

"成都,一座来了就不想离开的城市",是这个城市的名片,成都的美食、美景、舒适、闲逸,让很多人着迷,而在社区治理领域,成都市也一直进行各类创新。2016年5月,为进一步深化"三社联动",强化城市系统治理,统筹发挥基层政府、社会力量、居民群众主体作用,提升基层社会治理水平,成都市民政局出台了《关于开展城乡社区可持续总体营造行动的通知》,安排部署全市城乡社区可持续总体营造行动。社区总体营造行动旨在将成都市的城乡社区营造建设成为温暖、温情、温和的幸福生活共同体,实现政府治理、社会自我调节和居民自治的有效衔接和良性互动。2017年9月,成都市召开城乡社区发展治理大会,在全国首创设立了城乡社区发展治理委员会。成都市着力于推动高品质和谐宜居生活社区建设,相继制定并推进社区发展治理的"五大行动"三年计划,努力实现"城市有变化、市民有感受、社会有认同"的社区发展治理目标。

从2008年开始,成都市就在社区治理方面做相关探索。本案例所在的水井坊街道位于成都市锦江区,从传统型街道向商务型街道转型,辖区内存在老旧院落多，人口构成复杂、老龄化严重、贫富差距较大及一些历史遗留问题，给水井坊街道工作带来极大挑战。从2008年开始，水井坊街道着力于探索"三治一化"（自治、共治、法制、信息化）的社区治理模式，以期应对面临的管理问题。

2018年，锦江区出台《关于深化街道办事处管理体制改革的实施意见》，水井坊街道积极调整职能，优化科室设置，剥离经济职能，将街道工作重心从经济建设为主转移到社会管理和公共服务上。根据锦江区2008年10月下发《关于完善城乡社区治理机制，进一步推进基层民主政治建设的意见》的要求，创造性地探索改善居民自治的办法和机制，在辖区院落中搭建了有党组织、有自治组织、有服务平台、有居民公约、有自治活动的"五有"平台，为社区居民提供各项服务。同时，采取居民投票、居民商议等方式，在辖区9个院落拟定了各有特色的《院落居民自治章程》和《居民公约》。

（二）院落概况

较场坝东苑在行政区划上属于成都市锦江区水井坊街道，由较场坝东街、较场坝街、较场坝中街及较场坝东五街4条街道包围，社区面积约0.15平方千米。辖区范围内有成都市十七中校区，紧邻东方广场、明宇金融广场等大型写字楼。两个写字楼的外围，则为成都市主干道之一的东大街。综合以上，这是一个位于成都市中心、办公与居住较为混合的区域。

67号院是其中最大的一个老旧院落，于1997年修建，包含12个楼栋共计33个单元，有居民730余户2200余人，大院住房总面积达5.84万平方米，院落租住率达到50%左右。院落由就地返迁安置房与商品房两部分组成，商品房有4个楼栋，其余为就地返迁安置房。此外还有50余家底层商铺。由于临近写字楼区域，白领人群较多，商铺以餐饮类居多，尤其是知名美食，配合该区域浓厚的生活气息，院落就像被一圈美食包围的"小岛"。小区整体建筑分布比较方正，交通便利，规划有4～5处出入口。

图1　院落地图，其中加粗线部分为院落区域

由于院落建成年份较久，没有物业管理服务，存在先天不足、后天失修失养的情况。在硬件设施方面，存在管网堵塞、污水溢出、线路杂乱、停车场地有限、公共活动空间及公共设施短缺等问题，这些隐患既影响院落环境

又增加了邻里矛盾。在政府老旧院落物业全覆盖的要求下，院落曾引进物业公司进行管理。由于物业公司收费价格低，费用收取不齐的情况时有发生导致物业公司难以维系被迫退出，这样一来院落环境、卫生和安全问题更加突出。此外，院落常住人口是老城改造就地返迁居民和租户两类人群，前者人数众多，且文化程度不高，因此邻里关系异常复杂。加之老旧院落居民长期养成的对政府和社区"两委"的依赖习惯，导致院落与街道和社区"两委"之间的矛盾非常突出。

（三）工作背景

成都市爱有戏社区发展中心起步于 2009 年，是在民政注册的 5A 社会组织。专注于城市社区发展，以"协力构建更具幸福感的社区"为使命，通过参与式的方法培育社区社会资本，推动社区发展。

2011 年，爱有戏正式注册成立，获得了一个基金会的项目资助，以一个文化类项目（通过口述历史的方式，搭建社区文化参与平台，并培育本土文化类组织）进入锦江区水井坊街道开展工作。在开展项目过程中，对该辖区进行广泛的调研，进入 2000 多户家庭进行需求调查，调查发现了一个容易被忽略的事实：在城市的市中心，即使已经有最低生活保障制度的覆盖，但还是有许多家庭存在经济困难的现象，所谓"穷在闹市无人问"。在这样的现实面前，如何去解决这个问题，成为摆在爱有戏团队面前的一个大问题。在这个时候，义仓[①]项目进入了团队视野，开始在水井坊开展义仓项目，并进而发展为参与式互助体系（包括义仓、义集等项目，具体信息见"义仓发展网络"公众号）。爱有戏在街道开展的参与式互助项目得到了政府、群众

[①] 详细介绍请参见公众号"义仓发展网络"—"关于我们"版块，https: //mp.weixin.qq.com/s/c6oeAVwVKzn4q-XjQ94wZw。

的认可，爱有戏的工作能力、工作成绩得到街道办事处的肯定。此时，街道也想在居民自治方面引入新的力量，于是给了爱有戏参与院落治理的机会，也有了本文的案例。在此期间，政府的信任与耐心等待，是爱有戏能够一步步推进的最大支持，街道主要领导"大胆去试，做错了也没关系""社区治理，5年刚进步，10年一小步"的态度和理念，是爱有戏可以持续参与的最大动力。

（四）院落治理前，矛盾突出

院落在进行治理之前矛盾突出，被称为"街道书记主任都要绕道走的院落"，"不仅仅是环境差的问题，居民的整个精神状态以及与人交往带给他人的感觉都不舒服"（某社会组织工作人员评价）。院落矛盾总结如下。

1. 商家"入侵"，挤占空间

院落道路四通八达，没有物业管理，门卫形同虚设，很多流动小商贩随意进出院落进行买卖交易。底层商家前门对着大街，后门对着内院，很多商家打开后门，将院落走道等公共空间作为自家商铺延伸地带使用，或堆放东西或摆摊做生意，加剧了拥挤程度，喧闹的营业环境严重影响了院内居民的正常生活。

2. 车位规划不足，隐藏安全隐患

院落为1990年代修建，在时年的规划中，机动车停车位并未成为刚需，院内只有两个非机动车车棚，所有的机动车不能停放院内，只能在院外路边停放，给居民生活带来不便，也侵占了正常道路通行空间。非机动车棚日趋破旧加之管理不善，导致居民非机动车（多为自行车和电瓶车）无处安置，只能放置于院内走道等公共区域，一来更加拥堵，二来不美观，带来很多安全隐患，车子被偷盗现象突出。

3. 商住管三方失序，引发卫生问题

院落卫生问题的最突出表现为阴沟堵塞问题，而这一"恶果"却非一己之力酿成：居民向厕所管道乱丢垃圾，餐饮小店弃置大量厨余垃圾且容易积堵，加之缺乏常规化的卫生清理和有效管理，三方因素共同致使院落内阴沟经常堵塞，散发阵阵恶臭严重影响居民生活，厕所管道内常常清理出各种奇怪物件也让底层住户不堪其扰。

4. 自治组织形同虚设，疏于管理

原有的院落党支部和院委会，其内部不和、组织不作为的现象突出，自治组织形同虚设，导致各类院落自治活动与管理无法正常进行，居民一盘散沙，没有有力的组织或者个人将居民组织起来，院落自治形同一句空话。

除了上述的空间挤占、安全、卫生、自治能力差等突出问题之外，院落居民之间因为诸如楼道堆物、宠物粪便等各类琐碎小事，引发了邻里之间的各种矛盾；院落公共资产被挤占（部分院落居民的说法，实际到底如何，也无法准确地求证）而引发的矛盾，也较为突出。

二 从院落治理到参与式规划三部曲

（一）以选举带动参与，院落自治动起来

1. 随机走访，问需于民

所谓"没有调查就没有发言权"，在67号院纳入居民自治项目之后，爱有戏在院落内进行随机走访，进一步了解居民对院落自治、院落环境等问题的看法，了解居民相关需求，同时对爱有戏来说，也是熟悉院落、认识院落原有骨干、发掘新骨干、认识院落居民的过程。

虽然接触到的居民大部分都在埋怨与提问，但换一个视角，反而能看

到院落具有活力，不是死气沉沉，仍然有人对公共事务关心，有人对院落整体情况的改善抱有期待。而这个阶段发现的院落骨干，也成为后期院落自治的重要力量。

在此，插播一段院落纳入居民自治项目试点院落的小插曲。在之前的项目设计中，67号院本不在试点院落之列。在一次爱有戏组织的外出参访活动中，由社区推荐的2名院落骨干也参与其中，看了本市其他街道优秀院落之后，这2名院落骨干深受刺激，产生了"为什么别人的院子那么好而我们的院子却如此糟糕"的疑惑。这一疑惑成为他们主动行动的动力，回来后，他们组织居民主动向社区"两委"表达了想对院落进行治理的愿望，于是街道、社区"两委"、社会组织一起讨论，将其纳入项目计划。

2. 开会讨论，问计于民

随机走访一段时间之后，对院落情况基本熟悉了，也与院落骨干和部分居民建立了初步信任关系，爱有戏随之召集院落骨干会议，尝试通过讨论，动员院落骨干一起加入到问题解决的行列中来。

在这个过程中，骨干之间的矛盾、居民的怨言显露无遗，也让组织会议的工作人员非常沮丧，会议经常演变为吵架大会、抱怨大会，进而引发更多邻里矛盾。此时，有居民提出，如果现有院落党支部及自治组织不改选，那么，所有的会议，讨论，都将是无用功。于是当前最为关键的工作任务是选出有能力、有公心、愿意为院落做事情的自治组织成员。

在此启发之下，院落自治组织的选举被推上工作日程，加上上文中提及的"五有"院落政策保障，选举工作成为推动自治的工作重点。

3. 推动选举，希望大于挫折的实践

以院落代表选举为基础的居民直接参与决策和治理过程是院落自治中非常重要的环节，以院落事务为核心的院落参与式民主，是居民主动参与院落

公共事务管理的重要体现。在居民主动提出选举自治组织成员之后，爱有戏与街道、社区达成共识，投入大量的人力、物力，进行选举工作，并且与高校老师一起，探讨创新选举方法应用于该院落的可能性。在近半年的选举推动过程中，经历了如下阶段：

（1）全面入户，推选代表

每天晚上爱有戏、社区居委会一起对院落700多户进行全面入户工作，入户主要完成如下工作：告知居民选举事宜、询问居民对院落治理的意见与看法、推荐或自荐本单元候选人，尝试先找到单元代表再从中推选院落自治组织成员。

这一过程持续了近3个月，发现、推荐了居民代表18人，收集到院落治理意见100多条。大部分的居民对选举持观望态度，甚至对工作人员的入户也较为排斥，发生了很多有趣的事情，比如很多单元没办法推选出单元代表，有的单元代表被推荐出来而本人拒绝成为单元代表，等等。

（2）动员参与，建立筹委会

全面入户之后，动员院落中18位居民加入筹委会，联系组织多次会议。第一次会议初步讨论院落居民代表选举及院落中存在的问题，并推荐、新增居民代表共27位；第二次会议决定居民代表选举的内容与形式，决定每个单元至少有1位居民代表，可以是自荐和他荐两种形式。筹委会的建立让院落选举工作有了组织载体，不再是社会组织与社区"两委"的事情，而变成是所有院落居民的事情。

（3）模拟整治，刺激选举热情

选举推动过程中，院落大部分居民的观望态度迫使街道、社区、社会组织再一次寻找新的突破口：如何让部分居民刚刚生长起来的自治热情持续发酵。

按照以往的经验,"公共危机事件"往往会成为达成共识的突破口,比如一个堵塞阴沟事件,或者一次安全事故,而67号院没有等到公共危机事件,反而等到了一个重要的机遇,即老旧院落改造。老旧院落改造是在成都市房管局推动下,为改善老旧院落环境,提升院落自治能力的一项惠民工程。在以往的实践中,通常是由政府确定打造院落,安排相关公司入场整治。此种方式下,居民只是被动接受,无实际参与决策的权力,所以往往发生"政府钱花得越多居民埋怨越多"的现象。

67号院的院落改造中,政府、社区与爱有戏达成共识,院落必须完成模拟整治才能够获得整治名额,进入实质性整治阶段。所谓模拟整治,即按照先自治后整治的原则,体现在有院落骨干、有院落组织、有自治活动、整治支持率达到90%才能进行整治。这一决定,无疑给院落注入了一针活力剂,选举筹委会的居民骨干异常兴奋,院落环境的改善是居民的共同期盼,错过此次机会将成为院落的严重损失。在模拟整治的激励下,筹委会代表主动做事,入户收集院落整治意见。在尚未形成正式组织的情况下,自治、管理等活动积极推进;模拟整治的同时,选举活动也同步进行,两者相互促进,向着预期的状态发展。

最终,院落整治支持率达到92.06%,远远超出街道确定的90%,67号院成功成为街道老旧院落改造的实施院落。最后确定的8个整治内容并非政府规定,而是在多次居民会议上,居民根据自身需求提出,是院落最迫切需要得到改变的地方。8个内容分别为:楼道粉刷、线路有序化、墙面美化、小区设施、小区绿化、油烟上顶、雨棚规范、防护栏(院内翻新临街更换)。但其中不少内容也存在意见分歧,争议最大的是防护栏与雨棚的更换,58户不同意更换临街防护栏和院内更换雨棚,占总户数的7.94%。

由此,街道、社区"两委"、社会组织、院落居民共同参与到整治意见的收集过程中，在此过程中，自治组织的热情高涨，自治能力也得到了充分锻炼。

（4）水到渠成，选举完成

在筹备选举的同时，辅之于院落自管小组选举宣传活动，在院落小广场内集中宣传，共计开展5次院落宣传，包括展示和发放候选人资料、现场广播、发动院落"小小志愿者"等多种形式，动员居民参与到选举的工作中，约500人次参与了活动。在公开投票的当天，在院落3个大门处分别设立投票箱，共收到选票397张，选出10位自管小组成员，顺利完成自管小组选举工作。

至此，第一阶段以选举推动参与的工作结束，取得了如下效果：

逐步提高选举工作的认知度。在推动选举工作中，有选举权的居民都参与到院落的选举工作里，参与选举的过程也是一次自治教育的过程，了解自身的权利与义务，自愿参与到院落活动中。在选举的过程中，工作人员多次夜晚入户宣传，收集居民的意见，入户不仅使居民直观、详细地了解院落的公共事务，也让他们感觉到自己的决定是有效的，意见是被重视的，为下一步鼓励其参与院落公共事务管理奠定了良好的基础。

协助社区组建居民自治网络。在院落楼栋单元中，推选楼栋长，建立了院落自治组织，其间除了明确组织带头人责任，还组织志愿者队伍，参与居民自治事务，开展有关服务，为开展社区居民自治，实现自我管理、自我服务、自我教育、自我发展提供保证。

协助推进院落民主制度建设，保证社区居民自治规范运行。结合院落的实际情况，爱有戏协助院落自管小组成员，通过民主协商的方式，共同制定《院落居民自治章程》《院落居民公约》《院落居民自管小组职责》《院落居民议事制度》《院落议事规则》等，并获得居民代表通过。制度制定的宗旨是约定院落自我管理、自我教育、自我服务、自我发展行为规则，充分调动和发挥院落居民参与院落建设和管理的积极性、主动性，实现院落自治。由此，为院落开展居民自治提供制度保证，使院落居民自治条理化、规范化。

在整个选举的过程中，爱有戏作为外来协力者，将居民对某一两个自管小组成员的不满作为引子，借此推动院落选举工作，并尝试在这一过程中，优化院落自治组织的成员结构，开展自治教育，以选举来推动参与。但是，选举毕竟是一个短期的事件，如何在热闹的选举过后，让居民的参与意识和能力有所持续，需要更多的途径和渠道。另一方面，我们也在反思：基于选举的参与，始终排斥了院落中的部分居民，比如流动人口、无选举权利的未成年人。选举作为参与的一种方式，天然存在某些缺陷，比如时效性，选举多数时候只是一个阶段性工作；又比如排斥性，它在某种程度上剥夺了一些特殊群体参与院落治理的权利，无法将所有居民纳入。

（二）决策当中听声音，院落整治练起来

院落整治是67号院共同面对的公共大事件，自然成为院落全体居民的关注焦点，以及推进院落治理发展的关键契机。

1. 参与式规划，保障参与途径

在院落整治的过程中，坚持参与式规划，调动街道、社区"两委"、居民骨干、普通居民的积极性，利用"市民论坛"会议技术，开展院落治理方案讨论。"市民论坛"会议技术是爱有戏借鉴"开放空间"会议技术相关手法，结合本地实践研发的一种参与式会议技术。该会议技术为社区居民提供了参与社区公共事务的平台，建立各种议事机制保障居民参与；同时改变自上而下行政命令式的方式，强调互动、协商等现代治理方式的合理运用，有助于调动社区居民、社区社会组织参与社区事务讨论的积极性，鼓励其参与方案的制定和实施。

（1）常态化"市民论坛"发起机制

在院落治理探索中，一个重要的路径是建立了常态化的"市民论坛"发起机制。只要五户以上居民提议，即可发起院落/小区"市民论坛"；五个以上院落组织提议，可发起社区"市民论坛"。居民或者社区社会组织只要有需要，可随时发起"市民论坛"，由此通过将议事发起机制下沉到基层，为社区全面参与院落治理提供稳定的制度性保障。

（2）多方会议机制，回应论坛决议或建议

"市民论坛"发起以后，邀请利益相关方参与会议讨论，制订解决方案，并参与最后的行动实施。在传统的议事会议结束后，执行主体通常是政府、社区"两委"或者社会组织，居民基本不参与或是有限参与。在67号院的探索中，居民和社区社会组织全程参与问题的提出、解决办法的寻找、方案制订等一系列环节，让更多的居民认为这是所有利益相关方的共同责任，而不是某一个参与方的责任，促使他们愿意参与到具体的行动中来。通过参与行动，提升居民对公共议题的认可度、参与度。

在67号院，围绕院落公共事务的"市民论坛"，共召开大小会议63次，解决社区问题的社区活动180余次，参与人次2351，议题涉及院落环境、院落安全、院落公共管理、院落文化、院落互助等方面，不仅有效解决了院落中的诸多问题，居民自治组织在此过程中也得到了极大锻炼。

2. 从有到无与从有到优，院落旧貌换新颜

通过参与式规划保证居民参与和达成共识之后，院落整治工作进入正式实施阶段，主要进行如下工作：拆除院落的违章建筑、平整院落地面、拆除院落防护栏、油烟上顶、统一安装雨棚等。在这个过程中，社区"两委"、社会组织、社区骨干共同努力，不断与居民协商；社会组织主要发挥润滑剂与技术专家的作用，通过"市民论坛"等方式，协助寻找解决办法，动员社区居民全过程参与。

关于院落的地砖颜色及款式、垃圾桶摆放位置等问题，居民自发自愿参与讨论，并提出了意见和建议。最后采用的地砖颜色及款式是几个居民代表到各种建材市场实地考察后选定的，特别强调了防滑等实用功能。垃圾桶摆放多少个，垃圾桶的样式应该如何设计，这些看起来细枝末节但关乎每个居民实际利益的问题，都是居民自己提出并提供了解决方案。

以下以社区安全问题的解决作为实际案例呈现：

◎ **背景**

67号院的院落安全问题，一直是困扰在居民心中的大问题，院落安全隐患集中体现在以下几个方面，首先是车辆（自行车、电瓶车等）失窃；其次是小区内车辆随便摆放，造成过道拥堵，增加小区内安全隐患；再次是线路杂乱，老旧小区，原来的电线杂乱并且存在老化的现象；最后是餐馆油烟问题，小区分布着50多家小餐馆，油烟带来环境污染，并且容易引起消防安全。在此后的过程中，政府、社区、爱有戏与社区居民一起，组织多次"市民论坛"会议，着力讨论院落存在的安全与环境问题，并制订行动解决方案。经过多次的会议与商讨，针对院落的安全隐患问题，借助老旧院落的打造，找到如下解决方法。

改变院落彻夜开放的问题：针对开放式院落的门禁问题，加强监管，完善小区的安全措施。改变了原来3个门都彻夜开放的状况，规定1号门和2号门在晚上11点钟关闭，只留3号门开放；门卫加强对人员进出的管理，陌生人不能随便进出。在这个过程中，重视对居民的告知，将相关规定都作为"告居民书"张贴于院落中，让所有居民都能够知道院落的新规定。

老旧线路规整：院落中的各类线路，像蜘蛛网一样，院落打造之时，由居民提出建议给社区和街道办事处，办事处和居民一起，将居民的意见告知相关部门，责令整改。

车辆规范管理，减少丢失情况：院落车辆丢失主要由车棚管理不善造成，管理人员乱收费及充电费用过高，跟车棚管理者关系好的，收少一些，跟车棚管理者关系不好的，收多一些。通过社区、爱有戏与居民多次召开会议协商车棚用电情况，由居民自主收集周边小区电费使用、车棚费用收取等信息，爱有戏协助居民，制订车棚收费标准，借由院落打造对原来的车棚进行整修，腾出更多空间放置居民车辆。对于新规定，居民和车棚管理人员都比较认可，放置在外车辆越来越少，车辆丢失情况逐渐减少。

一户一表，增加楼道灯：老旧院落的电表是一个总表加每户人家安装一个分表的设置，分表的功能是记录自家用电量。分表只有记录的功能，以便记录每户应该缴纳的电费和核对总表数量与分表总数是否存在差异，没有缴纳费用的功能。这样的设置就会带来操作层面的问题，即电费缴纳和断电影响。电费缴纳方面是，电费总费用由院落统一缴纳，然后再由院落向各家各户收取费用，或者先各家收取再统一缴纳；断电带来的影响是一旦断电就是断掉整个单元甚至是整个院落的电，而不能只断某一个家庭的电。电费缴纳方面，不管哪种方式，都会存在一个现象，即有人不愿意缴纳或者长久欠费。但是，统一向供电局缴纳的时候不可能扣除没缴纳家庭的费用，所以，是一直由院落垫付还是不缴，都是问题。不缴纳的话，供电局停电，那已经缴费的家庭如何解释？垫付的话，钱由谁来出？街道支持总归不是长久之计。如果断电，引发的邻里矛盾与投诉，又成为另外一个问题。结合改造将院落的电表修改成一户一表，并且统一增加安装楼道灯，楼道灯的电费由院落公共财产承担。

通过拆除违章搭建、拆除防护栏、更换雨棚、油烟上顶等一系列从有到无和从有到优的整治，大院旧貌换新颜。当中不乏各种利益冲突，而居民代表在其中起到了关键作用，使得很多易发生冲突的事件以润物细无声的方式得到了顺利化解。

（三）从无到有，拓展院落公共空间

在整治、改善既有问题的基础上，针对院落居民迫切需要活动场地的诉求，下一步工作聚焦于如何在本已十分有限的院落空间中，创造性开发新的公共空间，成为居民活动、交流的平台，并突显其空间的公共性。主要举措包括以下内容。

图 2　农耕小组成立前的农耕园地

车棚顶变身院落菜园：利用院落中一处自行车车棚的屋顶空间，通过增加防水处理，将其改造为院落菜园，为院落农耕等环保类项目提供基础，成为后来活跃的农耕小组、环保小组形成公共议题、开展公共活动的重要舞台。

打造院落开放空间：通过资源置换，将原本出租给小卖部的房间改造成为院落开放空间，满足自治组织议事、开会、日常交流、院落自治展示等需求。

新增户外健身区：院内原来堆放杂物与自行车的公共区域，经过整治与空间腾挪，开辟为户外健身场所，设置各类健身器材，满足院落居民日常锻炼健身的需求。

图3 农耕小组的成果

打造最美笑脸墙：从充满抱怨到满脸笑容，院落改造不仅改善了空间环境，也改变了居民的心情与心态。为了记录居民美好心情，院落中开辟最美笑脸墙区域，用相机记录下微笑瞬间，并展示给所有邻里。

经过系列整治，大院旧貌换新颜，新院落需要新名字，原来一直沿袭以街道地址命名的方式，也被居民提出需要改变。大院征名经历征集、第一轮公开投票、第二轮公开投票，最后由爱有戏、自治组织、院落党支部、议事会成员和社区居民一起，对30多个居民提名的院落名字进行公开投票。"较场坝东苑"获得最多选票而胜出，新名字既反映了历史底蕴，也体现了院落特色，更代表了院落发展的新起点。

在这一阶段，爱有戏在发动居民参与的过程中，扮演了关键技术专家的角色，开放空间会议技术的使用、罗伯特议事规则的变通使用、会议规则的制定，都是需要先进的参与式理念做支撑的。

居民在技术专家的带领下，参与变得更加理性与活跃，从问题解决的角度参与院落公共事务，颇见成效，诸多困扰院落多年的问题都得到了解决。并且，参与式的工作理念将参与的群体扩大到了院落各个群体，参与的广度和深度都有了提升。流动人口在院落整治等问题上拥有了发言权，打破了选举参与所带来的天然局限性；小朋友也能够参与院落事务，比如，他们组成了青少年活动小组，进行了院落墙面的美化工作，为院落环境优化贡献力量。

（四）搭建平台与陪伴协作，内生力量长起来

院落整治让居民的参与体现在实际的问题解决过程中，让居民看到了参与的成效，其参与效能感得到了显著提升。院落整治作为一个阶段性事件结束之后，爱有戏基于实现社区组织自我服务、自我管理、自我发展的目标，通过公益项目、活动平台及社区教育，采用陪伴成长的方式，培育社区社会组织，促进社区居民更有效地参与到社区社会组织的自我管理和运转当中。具体组织培育路径包括以下三个方面。

1. 依托公益项目，发掘院落骨干，孵化自组织

街道、社区与爱有戏团队从各方筹集资金，在院落内开展项目，并积极引进外部资源，如香港社区伙伴的城市农耕项目、北京万通基金会的格致生态项目、成都市锦江区社会组织发展基金会、成都市民政局公益创投项目等，鼓励居民依托各类公益项目成立环保、互助、安全、青少年服务、长者服务等社区志愿者队伍和组织，实现居民参与社区事务的组织化和可持续性。

表1　社区社会组织培育情况

组织名称	类型
邻里互助中心	邻里互助，开展义仓义集项目
邻里文化社	社区文娱队伍
互助养老志愿者队伍	为老服务
互助支持小组	特殊家庭相互支持
坊间志愿者团队	社区文化相关
低碳主妇促进会	社区环保
农耕小组	城市农耕
安全治理委员会	院落安全

后来，一位院落居民参加酵素的学习后，自己钻研，自己实践，成为"酵素达人"，在教授小组其他成员如何制作酵素的同时，萌生了成立环保专项自组织的想法，在爱有戏的支持下，发起成立了"水井坊街道低碳主妇促进会"并在民政局获得备案。

在此过程中，社区骨干及居民实现了业务能力和公共意识的同步提升。比如农耕小组不仅学会了农耕相关知识，在共同管理农耕土地的过程中，居民知道了规则、合作、沟通和协商的重要性，这些依托实践的教育，效果也

更加明显。在农耕小组的基础上，后来又诞生了环保小组，这对居民个人而言，是从兴趣到专业的提升，对社区而言，既是一个组织的成长，也是一个公共领域的形成。

2. 依托公共活动空间，培育社区社会组织

在院落整治的基础上，爱有戏积极协调资源，与街道、社区一起，在院落中进行硬件打造，拓展了两个院落公共活动空间。一个是"儿童活动空间"，由专业组织介入，培育院落自组织"院落家长志愿者协会"，开展"快乐三点半""探索小屋""院落书屋"等活动；另一个是"水井坊市民空间"，开展长者服务项目，包括生日会、十字绣、书画赛、包汤圆、院落游戏、"周末好时光"等活动，基于活动，建立各类基于兴趣的社群，这些社群，都是社区社会组织的基础。比如，书画比赛聚集的参赛选手们，通过比赛相互认识，有了更多的交流，在此基础上，工作人员可以引导或者他们当中的人也会提出是否可以成立一个组织，让书画类的活动、学习可以常规化，这就是互益性社会组织的雏形，当然，在这个过程中，引导其提供一些公共的服务，比如在暑假的时候来教授青少年学习书画，那么，这个组织又朝着公共性更进了一步。

3. 依托友邻学院，建立居民学习、交流的平台

为了培育社区骨干、社区积极分子及社区自组织成员的公民意识、公共精神，转变他们的观念及提升参与社区公共事务的能力，爱有戏以"友邻学院"[①]为依托，吸纳了一批有意愿参与社区公共事务，又希望得到提升的居民作为学员。"友"代表友爱、友谊、友善，"邻"代表邻里之间，"友邻学院"希望培训的每一个学员在这个大家庭里都能和睦共处，共同学习、互帮互

---

① "友邻学院"是爱有戏社区教育类品牌项目，它是一个学习平台，在这个平台上，通过培训、社会实践等方式，教育社区骨干，培育社区社会组织。

助、共同进步，为社区贡献自己的一份力量。

"友邻学院"既是一个学习的平台，也是社区教育的一种体现方式。居民在学习中提升，在交流与实践中成长，学会了什么是公共精神、公共责任，如何参与社区公共事务，同时在亲身参与各类项目的过程中，实现理论学习与实践提升的互动结合，居民们都以身为"友邻学院"学员为荣。

（五）治理后的新貌

完成院落治理后，67号院真正成为有党组织、有自治组织、有服务平台、有居民公约、有自治活动的"五有"院落，自治组织真正发挥作用，能够参与公共事务，实现院落自治；院落车棚管理有序，停放有序，院落环境优美；院落提高每户门卫费的缴纳金额，同时加强群租房的管理，院落收益实现结余，不再依赖社区"两委"，并且实现院财院管；院落有公共空间可供居民议事与活动，有户外广场，有体育健身设施可供院落居民使用；院落骨干懂规则、能博弈、会妥协，能够良性地参与院落的公共事务；院落自组织活跃，院落自组织自发开展院落互助、院落绿化、青少年活动、院落文体活动等各类活动。

三　总结

（一）整治与自治相结合，推动老旧院落旧貌换新颜

老旧院落在硬件设施方面，都面临先天不足和后天失养失修的普遍性问题。硬件设施是关系居民日常起居、切身利益的重要方面，也经常成为院落隐患、邻里纠纷的导火索。67号院充分把握老旧院落整治的机遇，同时推进居民自治建设，两者相辅相成。通过经历如下历程：传统居民自治建设→

院落整治→整治刺激自治意愿→自治促进整治→整治改变院落环境→环境改变促进自治→院落自治、公共领域形成，最终，实现整治与自治、硬件与软件、个人与公共在相互影响中相互促进，进而不断优化改善。

以参与式规划为主线的院落治理，提供了院落居民参与的平台，建立了居民参与的机制，在选举、院落改造、组织培育的路径下，居民参与的能力、意愿、深度和广度都有显著的改变。居民不再一味地依赖和抱怨政府，他们从选举时的抱怨，到基于利益和兴趣的参与，再到基于对院落的认同、对邻居的友爱合作，一步步在向理想的"生活共同体"迈进。

（二）参加到参与的推进，实践院落参与式规划

67号院的参与式规划，重在探索如何让参与变得"真实"。一是参与的议题都来自居民的真实需求。二是通过制度设计，例如"市民论坛"，保证参与的常态化和正当性，居民在"市民论坛"上提出的问题，也影响着院落工作的推进节奏及内容。比如，居民提出需要改选院委会，院落治理的工作就自然将选举作为工作重点。三是正确处理参与形式与参与结果的关系——以参与为结果，而不仅仅流于形式。各方力量在不断地沟通、协商中达成共识，真正让大家的声音得到关注。

坚持真参与，必须有真妥协。妥协不仅是居民需要学会的，也是街道、社区需要学会的。有关大院名字、院落地砖的选择、垃圾桶的摆放、防护栏的设计、雨棚的更换等各类具体的议题，政府、社区和居民都各有自己的诉求，如何应对，正是检验是否是真正参与的试金石。以大院征名为例，当时社区领导非常中意"交子大院"这个名字，一来院落隶属于交子社区，可以体现为该社区的明星院落，二来体现交子文化（据说此地为第一枚纸币交子诞生地），三来"交子大院"简称"交大"，听起来也很厉害，一举三得。但

最终还是遵从了居民投票的结果，大院名定为"较场坝东苑"。社区领导后来回忆说，其实当时有能力坚持"交子大院"的名字，但真参与的理念让他们坚持最终听取居民的声音。后来街道社区区划调整也恰好应对了居民的想法[①]。

(三) 权利与义务的厘清，尝试建立多元参与的社区治理模式

在院落治理中，政府把握方向，支持、监督而不控制；专业社会组织运用专业能力，在不同的发展阶段，发挥不同的作用，比如技术专家、陪伴者、支持者等角色，协助与陪伴社区社会组织的成长；院落骨干，在专业组织的挖掘、陪伴下，逐渐成长为有公共精神的理性公民；院落自组织，依靠社区骨干，依托不同的载体，健康成长并逐渐成为社区治理及社区公共服务的主体之一；社区居民既是社区公共服务的享受者，也是社区问题的发现者、提出者。

爱有戏作为协助推动院落治理的社会组织，在各个阶段发挥重要作用。比如在培育内生力量的阶段，通过项目、空间和平台三种方式培育内生力量，在这个阶段，爱有戏担当了重要的陪伴者角色，通过不同的路径培育各类内生组织之后，最为重要的任务就是陪伴其成长。一个组织的成长，在不同的阶段会面临不同的问题，特别是对居民组织，他们内生动力的激发与保持，需要专业社会组织的持续陪伴，不断给予鼓励和支持，才能够保持持续活跃。不同方式培育的社会组织，在院落中开展各种丰富多彩的院落活动和院落服务，既锻炼了他们的能力，也让其参与到院落治理中，通过多种途径为社区居民提供了多样化和多元化的服务，增进了居民之间的了

[①] 当时院落在行政区划上隶属于水井坊街道交子社区，后来行政区划调整，将该社区划入较场坝社区。这一调整发生在院落征名确定之后，与居民投票的结果不谋而合。

解与交流，也让居民自治组织在参与过程中逐渐完善和成长。

我们所理解的社区营造

政府、专业社会组织、社区社会组织、社区骨干、社区居民相互支持，并带动社区其他主体参与，整合社区资源，形成一个系统而有机的整体共同促进社区的有效治理，并且开始从传统的自上而下，向自下而上的社区治理模式转变。

社区故事写作者：邓梅，成都市爱有戏社区发展中心副主任，华东师范大学社会学硕士，中级社工师。刘飞，成都市爱有戏社区发展中心创始人、主任，首批全国社会工作领军人才，中级社工师。

案例供稿机构：成都市爱有戏社区发展中心

"自娱团体走向互助共享"的佳苑之路

——成都市天府新区万安街道佳苑社区佳苑暖阳合唱队

◎ 引语

和谐是接纳不和谐的开始，居民从被动到主动参与社区活动；把更多的时间投入积极的事务中，社区活力自然就形成了；播种一粒种子，等待发芽，好的观念需要时间促进发芽。用生命影响生命，影响社区居民积极参与社区活动。将佳苑社区建设成可持续发展，宜居宜住，有自我造血功能的社区。核心在于建立居民与居民、居民与社区的信任关系、了解核心需求、把握动态变化、链接资源、挖掘能人，培育核心力量。

一 背景介绍

佳苑暖阳合唱队诞生于成都市天府新区万安街道佳苑社区，佳苑社区坐落于万安街道城区西北方向，该社区由原来的城南坡社区二期和三期组成，占地170余亩，于2003年开始建设，在2013年和城南坡社区分离，组建为佳苑社区，属农民安置小区。社区共辖100个楼栋单元、房屋1219套，现入住人员共4032人。其中，本地拆迁安置人员3129人，涉及万安7个村

（社区），另有外来流动人口800余人。社区内有党群服务中心、颐园居家养老服务中心、新市民中心，设施完善，场地充足，为社区老、妇、幼提供了一个文化、娱乐、教育和志愿服务的场所。

为什么我们会选择佳苑社区呢，佳苑社区离成都市区20多公里，在一个被城市"抛弃"的小镇上。虽然被城市"抛弃"了，但是这个小镇被高端商业小区爱戴。佳苑社区地理位置优越，毗邻麓山国际社区、三利麓山城、万科海悦汇城等高端商业小区，很多退休的人入住于此，相对佳苑社区，这些人资源丰富，爱好广泛，技能多姿多彩，因此他们的晚年生活亦丰富多彩。

佳苑社区从概念上讲，也属于熟人社区，由于搬进小区这些年，居民们扭曲了"熟人社区"的概念，曾经大家都是一个村或者一个组的，几户人家一个院子，相互认识，大家人来人往，邻里互助，搬进小区，各自家里一道门，关上门就与外界隔离，邻里关系变得紧张，重塑熟人社会也是有必要的。

佳苑社区有三家社会组织入驻，其中，天府新区煦阳社会工作服务中心，主要服务社区居家养老中心，服务对象以老年人为主；蒲公英由万安街道引进入驻佳苑社区新市民中心，主要服务社区青少年，开展一些亲子活动、4：30课堂等；众诚社会工作服务中心，自2016年9月落地佳苑社区开展社区营造工作，在成都市民政局的支持下，通过驻点服务，提供专业的社会工作技术。作为一种外来的注入力量，众诚社工在社区营造过程中充分发掘社区内外建设力量。这两年，面对社区居民对社区缺乏归属感，参与社区公共事务积极性不高，社区自组织类型单一，难以满足社区居民多样化需求的现状，众诚社工以接纳的态度开展项目服务工作，结合社区老年人、全职妈妈以及儿童较多的现象通过挖掘社区能人达人、优秀骨干和链接周边社区

"自娱团体走向互助共享"的佳苑之路

优质志愿者资源开展针对性服务，利用社区公共空间开展活动，先后建立手工坊、广场舞、交谊舞、合唱队、亲子共读、妈妈帮等8个互助小组，这些老师都是社区的志愿者，居民们选取班长，自发开展课程。带动居民参与社区活动的积极性，丰富社区居民业余生活，改变居民以往"无奖品不参与""无报酬不表演"的局面，形成居民自助互助的良好局面。

在这里，有这样一群人，他们不热爱麻将，他们热爱歌唱，却找不到属于自己的组织；他们不愿意止步不前，他们需要成长，却没有得力的师资；他们不愿意平淡无奇，他们热情洋溢，却没有发散的舞台；他们内心澎湃，充满朝气，永远有一颗不服老的心。因此，我们发现想要实现"人"的转变首先需要改变"人"对"事"的看法，思想变化了，行为自然就改变了；我们坚信"生命影响生命"的可行性，在社区居民心中播下"信任"的种子。正因为他们有这样的需求，我们找到麓山国际社区80多岁高龄却拥有一颗年轻的心的刘安芳，刘老师为我们牵线搭桥，介绍我们认识了原巴蜀戏剧院退休的演员夏觉珍，经过协商，夏老师十分愿意义务为这群怀揣梦想的中老年人开设课程，并且带领他们不断成长，从被动到主动，从无组织到有组织，从热爱到公益，他们不断地在"自我服务、自我发展、自我管理"的道路上前进。

二　问题与需求

由于佳苑社区系拆迁安置小区，社区居民缺乏对社区和城市的归属感，对新的公寓生活环境与城市生活理念还处于不断的磨合与融入阶段，由于是拆迁安置小区，属于小产权房屋，居民缺乏安全感，所以居民参与社区公共事务的积极性不高。

佳苑社区属于"三高"社区，社区老年人数量高，儿童青少年数量高，妇女数量高，导致社区活力不足。

社区前期在居民心中留下太多"走形式"的印象。例如，有领导检查的时候，有一群人始终充当被志愿的志愿者，"花钱雇佣"居民当志愿者；需要做材料的时候，拉上居民补个照片；在居民眼中，社区做的事情都是因为有领导要检查，形式大于意义。

由于居民小区是拆迁安置小区，存在很多历史遗留问题，例如，佳苑社区居民征地较早，相比近几年征地安置的农迁户，现在一人分65平方米，佳苑社区老旧政策安置时一人分35平方米；近几年安置的农迁户住的是带电梯的房，而佳苑社区是六层楼的楼房，心理的不平衡导致居民认为政府既然把他们拆迁安置了，就应该负责一辈子。社区开展公益讲座、开民主会议等都希望社区有更多的居民参与，居民则要求：我来给"你们"开会，你们是不是要给我发误工费，是不是要给我发小礼品。正因为这些历史遗留问题，让社区与居民之间的干群关系显得紧张。

社区活动属于社区工作人员为完成任务搞的活动，然而"我为什么要参加社区活动"这样的意识形态不断传播于社区间。

社区本有自己的文娱队，这支队伍负责社区需要参加的比赛以及社区的大小活动表演，但是，这支队伍上台是有"条件"的，那就是每次比赛完或者表演完，社区需要给他们发放补助，因为他们认为他们是在为社区表演。

社区自组织类型单一，难以满足社区居民多样化的需要。没有形成种类齐全、触角广泛、体系健全的发展格局。由于缺乏财力支撑、缺少可经营性资源，社区内自组织的生长和发展缺乏长效机制。同时，由于受社会经济的大环境影响，社区社会资本弱化，从而降低了社区居民之间的互相信任与信息流通；许多社区居民不能发扬过去团结互助的精神，使得社区矛盾和邻里

"自娱团体走向互助共享"的佳苑之路

矛盾日益加剧。

三 介入的思路与抓手

在成都市民政局的大力支持下，众诚社会工作服务中心入驻佳苑社区开展社区营造工作，通过驻点服务，提供专业的社会工作技术。作为一种外来的注入力量，我们在社区营造过程中充分发掘社区内外建设力量。最初来到佳苑社区，看到大部分中老年人都在麻将桌上消磨时间，原本配套设施完善的颐苑日间照料中心已经成了麻将馆，不和谐的"娱乐"氛围让我们看到了来自社区的焦虑。那应该怎样改变如此"糟糕"的现状呢？

和谐是接纳不和谐的开始，我们开始接纳他们这份不和谐的晚年状态，下院落、走访、摆谈，与叔叔阿姨建立信任关系，了解到他们每天都把时间消耗在麻将桌上，而这并不是他们真正想要的晚年生活，这时，马婆婆站出来告诉我们，其实很多人都想唱歌，但是找不到组织。于是，通过吴姐的介绍，我们找到了麓山国际社区的刘安芳。年过八十的刘安芳，曾作为教师行业的佼佼者，担任重庆市巴蜀小学数学教师，退休以后随孩子来到成都，并定居在麓山国际社区，一辈子热衷于公益事业、乐于助人的刘安芳向我们引荐了原巴蜀戏剧院退休的演员夏觉珍。通过与刘安芳和夏觉珍反复洽谈与确认，夏觉珍愿意为这群"无组织"的合唱队爱好者开设音乐课。

2017年2月15日，春节过后，步入了新一年的工作日，佳苑社区日间照料中心格外热闹。日间照料工作人员齐心协力将活动室的麻将桌搬到旁边，我们同工作人员一起将桌椅摆好，活动室变得宽敞明亮，在这里汇聚了34人，开展合唱队开学茶话会。通过破冰游戏，让原本不熟的队员们熟悉起来，夏觉珍带领大家亮嗓，让大家初步感受歌唱的乐趣，回到座位，将队员们分组，举手表决，反复讨论，最后商议决定合唱队名为"佳苑暖阳合唱队"；制定了班规，确定了每周三为上课时间，并由全体学员举手表决通过；同时选举了1名"佳苑暖阳合唱队"班长，对课堂纪律以及请假制度进行管理，并负责每次签到及课堂纪律，使课堂其乐融融。队员们自己制定的规则，应当自己去遵守，班规包括以下几个方面。

不来上课需要提前一天向班长请假，班长做好记录，标注请假原因，并在课堂汇报。

上课期间不许说小话，不许大声喧哗，如需离开座位，需在不影响其他人的情况下离开。

上课期间，手机需调整为震动或者静音。

上课期间，不许带孩子到课堂。

如在课堂上遇到问题，课后或者课间与老师沟通。

班里所有的事情与决议都需要全班商议表决后确定。

……

团队的建设当然也离不开线上的互动，于是，建立了"佳苑暖阳合唱队"微信群。队员们加入微信群以后，每天群里热闹非凡，上课的前一天会有上课通知，课后有课堂的照片与视频，记录着大家的活动。平时，微信群里队员们也会分享各自的奇闻趣事、美食，见到的美景等。大家的交流越来越多，结交的朋友也越来越多，叶阿姨说：我刚好到这个年龄，孙子上学去了，每天送了孙子去上学，自己一个人在家中，现在发现，原来自己身边还有一群这样有趣的人。他们结伴而行，把线上分享偶尔也会转化为线下行动，三五位队员结伴踏春、赏花、避暑逛街等，生活也不再那么乏味。

当把更多的时间关注在社区呈现出的积极氛围中时，社区活力自然就形成了。社区领导得知社区组建了"佳苑暖阳合唱队"，表示无偿为他们提供

"自娱团体走向互助共享"的佳苑之路

各类公共空间，社区夏书记说："只要在我们力所能及的范围内，空间、活动场地都不是问题"。陶主任随后建议在音乐教室开展课程，这里有话筒，有音响，有屏幕。2018年2月22日，在佳苑社区新市民中心音乐教室，开始了合唱队的第一堂课。在"佳苑暖阳合唱队"刘安芳被同学们亲切地称为刘老师，在她的陪伴下，每周准时来上课的夏觉珍也被同学们亲切地称为夏老师，夏老师为学员们上课，刘老师则始终相信"用生命影响生命"的理念，利用休息时间，不断向队员讲如何过好幸福的晚年生活，心情与爱好是关键，人生一辈子，不能选择服老，应该活到老，学到老。同时，我们不断在社区挖掘艺术爱好者，能人达人，在社区内找到徐伯伯，徐伯伯年近80岁，精通电子琴。因此，合唱队增加了伴奏的新拍档，每一首新歌，徐伯伯都会回去好好练习，加上与夏老师的合作，合唱队的课堂氛围越来越好。

在音乐教室上了三次课后，由于新市民中心每天九点才开门，有的队员提前十几分钟就来到这里，在门口等着。二月的天气依然寒冷，队员们一致同意更换教室，换到哪里呢？日间照料中心当然是不二之选，于是，上课地点改到了日间照料中心。但是，这个活动室一共布满了九桌机麻麻将，沉重的机麻难以搬动，每逢上课的前一天，众诚社会工作服务中心和日间照料工作人员以及志愿者协力将九桌机麻抬到角落，然后为队员们摆放好椅子，并附通告，每周三因合唱队上课，麻将不对外营业。就这样一周又一周的挪动，社区领导提议，将机麻撤出活动室。听到这个消息，我们满心欢喜，每周搬麻将桌的日子终于要结束了，撤离了麻将桌活动室变得敞亮，我们只需要在上课前将凳子摆放好，下课后将凳子收回即可。有部分叔叔阿姨下课后看到我们在搬椅子，就会搭把手，反复几次，就有人在课后说"搭把手，把自己的凳子放回原处"，再后来，也不需要我们帮他们摆凳子、收凳子。我们坚信"生命影响生命"的力量，他们在不断成长，不再认为合唱队只是我们的事，而是他们每个人自己的事。

2017年3月3日，"春风沐佳苑·挚爱女人节"——小义卖送大爱主题活动在佳苑社区广场举行，在公益的道路上，队员们用行动在说话。合唱队叶阿姨牵头现烤现卖的纸杯蛋糕，一块钱一个，叶阿姨和苏阿姨负责烤蛋糕，王姐和吴姐负责"当老板"，摊点上还有女士饰品，铺满了整张桌子，大家蜂拥而至，小朋友买蛋糕，大人们选饰品，所义卖的862元全部用于帮扶社区困难妇女。队员们第一次以爱的名义做"买卖"，十分有成就感。

常怀感恩之心，2017年4月7日，我们邀请成都云峰社会工作服务中心理事长——高善峰为社区开展一期志愿者工作坊，同时，我们也邀请了合唱队所有队员参与，这期工作坊共有80余人参与。在大家概念里，志愿者培训就是听老师讲一些理论知识，枯燥无味。但是，这期工作坊，高老师以破冰游戏开始，让参与工作坊的志愿者从认识到肢体接触，打破戒备心理。由于合唱队队员参加了较多次形式相当的游戏，熟能生巧。整个工作坊的关键在于每个组派一名小组成员讲一个互帮互助的故事，大家极力回想，合唱队队员中一位阿姨分享被他人帮助的故事：大概在20年前，还生活在农村，儿子小时候贪玩，有一次掉进了生产队的池塘里面，隔壁生产队在田间地里干活的村民听见儿子的呼喊，立即来帮忙，奋不顾身拿着竹竿救起儿子，要不是爱心人士的此举，儿子早就没了，所以现在都一直很感激那位村民，在当时可能也就是举手之劳，他不计回报，却挽救了我们家一辈子。阿姨流着泪讲完这段故事，事情虽小，但被人铭记于心，学会感恩。一个个感人的故事回荡在脑海，高老师说：如今的社会教会了很多人怎么"利己"，老人倒了不敢扶，举手之劳的事情却不敢伸手，差点忘了怎么"利他"，应常怀感恩之心，虽然只是你的举手之劳。而那些曾经帮助过他人的人，言语中充满了自豪与骄傲。

"自娱团体走向互助共享"的佳苑之路

2017年5月,"佳苑暖阳合唱队"参加了由万安街道举办的"五月的鲜花"红歌比赛。接到比赛通知,我们立即与夏老师联系,按照正常上课时间练习,队员们只有两次课的练习时间,队员们没有信心,说"别的队伍是唱了好几年的,我们只是一个刚'拔地而起'的队伍,根本比不赢"。夏老师精心为队员们选歌、排练,两次时间不够我们就加时间,夏老师加时间为队员们排练了5次。比赛前夕,发现一个重要问题,队员们上台应该穿什么衣服?没有统一的服装,该怎么办?衣服资金谁来负责?社区会为队员购买服装吗?问题接踵而至,然而,买衣服已经来不及了,况且,这里的队员没人愿意自己出钱买衣服。此时,陈玉兰提议,不然我们就去找街道老年协会借衣服。大家兵分几路,开始联系老年协会负责人,沟通库房,挑选衣服,有些衣服数量不够,有的穿不上,几经周折,终于挑选出了合适的衣服。所有队员都是第一次站上舞台,比赛当天,他们紧张、兴奋、激动,夏老师和刘老师以及队员们提前两小时来到日间照料中心,他们开始化妆,我为你涂腮红,你为我涂口红,一片紧张忙碌,离比赛开始还有一小时,在夏老师的带领下,队员们开嗓,再练习,很快进入状态。来到比赛现场,一共14支参赛队伍,"佳苑暖阳合唱队"是第九个出场的队伍,在候场区,队员们相当淡定,毕竟是人到中年的叔叔阿姨了。该他们上场了,大家整齐划一,热情洋溢,拿出最好的状态,唱完了《远飞的大雁》,敬礼,退场,所有队员的表现超级棒。最终,"佳苑暖阳合唱队"出乎意料地获得了第二名。这对所有队员来说,是一种鼓励,班长李春清上台领奖,并得到500元的奖励金。这部分资金,他们到底会怎么处理,为此我们专门组织合唱队队员开了一次讨论会,有人说"那我们把这个钱分下去算了",也有人说"我们把这钱拿来买服装算了""我们买个纪念品吧",等等。既然这么多意见,那就让提出这个解决办法的队员说出理由,然后大家举手表决,最后,大家一致认为合唱队难免需要花钱，分到每人手里也就一二十元，买服装的话经费看起来不够，那就买纪念品，结余的就作为队费。就这样，选定了小礼品，定制一件有"佳苑暖阳合唱队"字样的T恤，结余203元。刘老师说"从刚认识大家到现在，看到了队员们成长，这群人不是因为利益在一起，而是有共同的兴趣爱好"。

2017年5月26日，在端午节即将来临之际，"佳苑暖阳合唱队"在佳苑社区日间照料中心开展了"品味端午·传承文明"端午活动，活动需要的糯米、粽叶、红豆等材料都是由我们向项目组申报获得，看似简单的端午节，屈阿姨主动提出：我家离日间照料中心近，那就我来泡米、泡叶子，明天早上负责把材料给你们准备好。看似小小的举动，却方便了大部分队员。活动由文艺会演和包粽子比赛以及送粽子三个环节组成，节目包括小合唱、大合唱、独唱以及乐器演奏等，所有的节目都由合唱队队员自行表演，合唱队的队员们承包了整个舞台，包粽子比赛开始前，将队员们分成四组，每组派两人上台参赛，规定时间两分钟看谁包得又快又好，完成后可将粽子拿下去分给组员，最后一个环节是由张阿姨带领大家包粽子，张阿姨有一双巧手，包的粽子棱角分明，但是这个环节包的粽子是要送给由社区老年协会推选出的空巢、孤寡以及高龄老人的，那肯定要包的好看才行，大家自愿上台，每包一个粽子，献出一片爱心，队员们积极踊跃，并派代表将粽子送到老人们的家中，把公益践行于行动中。

2017年6月28日，第一学期的合唱课结束了，按照夏老师的授课惯例，队员们是需要放寒暑假的。那么问题来了，夏老师要放寒暑假，合唱队的学员们需不需要放假呢，于是召集队员们，商讨是否需要放寒暑假一事，针对这样的问题，又出现了分歧，有的说"我孙子也放假了，我要在家带孙子""课应该继续上，老师不在大家可以一起练习，但不能丢掉"。最终协商

"自娱团体走向互助共享"的佳苑之路

表决,老师放假,队员们不放假,徐伯伯伴奏,大家依然可以一起练习,一旦把课丢掉,就不容易捡起来,临近假期,夏老师将自己家里珍藏的歌谱交给我们,然后给队员们制作成册。

命运总是眷顾着这群因兴趣走到一起的人。就在这时,陈阿姨的老公吴宇蒙经常出现在合唱队的课堂,通过多次的交流,发现吴伯伯是一名拉丁舞老师,曾执教拉丁舞教学多年,同时,也是一名歌唱爱好者,也参与过乐谱以及合唱培训。拥有一定功底的吴伯伯看到这种情况,他主动提出,要不然这个暑假就由他来带领大家上课。队员们暑假的课程找到了方向,课堂也不断步入正轨。有人提议,我们还有203元,可以用来制定歌谱,最后,我们挑选了40本文件夹,并且复印好交给班长,班长组织队员将歌谱装订成册,一本本歌单迅速出炉,整齐划一,干净整洁。

一转眼,两个月的暑假时间已经结束。新一学期,夏老师和刘老师以崭新的面貌来到课堂,新学期的第一节课,夏老师和刘老师还没到日间照料活动中心,在吴伯伯的带领下,队员们已经开始练习歌曲,夏老师看到这一场景,不愿意去打扰队员们,看到他们这么认真,不断进步,非常欣慰。在一段开嗓后,大家以热烈的掌声欢迎刘老师和夏老师在新一学期回归到课堂。接下来的时间,吴伯伯成为夏老师得力的"助手",夏老师教学,他作为一名学员认真跟着夏老师学习,并且利用课间时间带领队员们跳交谊舞。夏老师有事请假的时候,吴伯伯则担当起教学的责任,真正的成了夏老师的左膀右臂。

课下,有队员提议,觉得每周一次课的时间太少了,能不能增加到两次课,经过和班长商议,决定开一次讨论会,因为"佳苑暖阳合唱队"从组建初期就是自我管理,既然有人提议,有人附议,那就讨论一下是否需要增加课程次数。这次,讨论的主题是"是否需要增加课程次数""增加多少次""如果需要，上课时间是哪些阶段"，问题一一列在大白纸上，队员们在便签纸上写下了自己的想法，然后统计队员们的答案，一一列在大白纸上，并举手表决。最后商议决定将每周一次的课增加到每周两次，原本周三的时间不改变，另一节课增加至周五。于是，找到刘老师和夏老师，询问他们是否同意为我们的队员每周五多上一节课。夏老师表示，周五她要去市区学舞蹈，这是安排好的时间。夏老师的拒绝让我们不知道怎么和队员们交代，同时又不会打击大家的积极性。内心挣扎，还是决定在课间的时候告诉队员们，从他们脸上，看到了些许失落，但是，吴伯伯表示，大家还有他，舞蹈、歌唱他都可以带着教，大家欢呼雀跃。就这样，队员们期待的一周两次课不变，周三依然是夏老师为他们授课，周五则由吴伯伯为他们授课，问题就这样圆满解决了。

2017年党的生日，"佳苑暖阳合唱队"再次代表佳苑社区参加街道举办的表演赛，和上次一样，时间紧迫，由于排练时间不够，夏老师给队员们"开小灶"，加班练习，经过两周的练习，再加上之前的舞台经验，队员们这次整装待发，来到检察官学院准备演出。这次的表演服装是队员们自己出资购买的红色长裙、黑色上衣、领结领带，整齐划一，本次作为指挥的吴伯伯，引领大家合唱《走进新时代》，为台下评委带来了精彩的节目。表演结束后，大家兴高采烈地回到家中，回想起当初参加合唱队的初衷，众诚社会工作服务中心作为一个资源链接平台，队员们更多的是需要一个展现自己的舞台。

演出结束后的第三天，接到街道的通知，本次比赛合唱队获得了第三名，此次比赛获得了500元奖励金，加上之前剩下的金额，一共有503元结余。这次，大家不再讨论这笔钱的去处。此时，我们正在为佳苑社区筹备社区微基金做准备，大家都很好奇微基金到底要做什么？

"自娱团体走向互助共享"的佳苑之路

  通过与社区以及街道多次沟通，力求规范管理佳苑社区"微基金"，让其在社区治理、社区公益以及社区帮扶等方面发挥应该有的作用。筹备初期，众诚社会工作服务中心、社区领导以及街道领导商讨决定，佳苑社区"微基金"主要用于社区发展治理、社区公益、帮扶、社区营造等，取之于居民，用之于居民，服务于社区居民。社区"微基金"主要来源于社区居民捐赠、社区商家捐赠、企业捐赠、公共空间收入等。"微基金"的建立不仅让居民在形式上参与社区公共事务、自我服务、自我管理、自我发展；居民应该以"微基金"为载体，吸纳多方参与，吸引更多的居民做到"自我管理、自我服务、自我发展"的同时"助人自助"。

  社区"微基金"这个概念对于合唱队自组织的队员们些许有点陌生，我们将初步达成的构想讲给他们听了以后，队员们若有所思，大家七嘴八舌，表示：社区"微基金"不就是我们自己的钱，我们可以吸引更多的人在"微基金"里注入资金，不断扩大，发展我们的内生力量。未来的日子里可以将更多的公益付诸实践。

  2018年5月，众诚社会工作服务中心同社区一起筹备"佳苑社区发展治理微基金"一事。"佳苑社区发展治理微基金"挂靠于成都市慈善总会，建立社区基金委员会，落实社区议事协商制度，建立相对完善的规章制度及架构，联动并整合社区内外资源，实现社区困难群体帮扶，建设社区公共事务，发展社区内生力量，提升社区自我造血能力。应慈善总会要求，"微基金"需要3000元钱的启动资金，那么，这笔启动资金从哪里来呢？第一笔启动资金由社区众筹获得，向居民宣传推广"佳苑社区发展治理微基金"的同时，让人人都献出一份爱，社区不求每人捐一百，只求百人捐一元。"佳苑暖阳合唱队"的队员们知道社区需要启动资金后，他们进行商议，指派班长为代表，告诉我们：这是我们主动的，也是我们愿意的。将合唱队结余的

503元注入"佳苑社区发展治理微基金"。

随着居民对居住环境要求的不断提升，越来越多的居民希望能居住在"看得见山、望得见水、记得住乡愁"的环境里。数九寒天，陈阿姨、官阿姨、罗阿姨等化身为"院落美化师"的志愿者。通过选址与社区的支持，决定将七院落一块"枯竭"的公共空地打造成"微花园"，阿姨们"撸起袖子"，原本杂草丛生的花台里，瞬间变得干净平整，大大的轮胎是修车厂"赞助"的，社区能人邹婆婆，83岁高龄，是一名手工爱好者，带领手工小组做出各种精美的饰品，她将家中的兰草、绿萝等搬到"微花园"，她说："微花园"在自己家门口，把自己的花草放在"微花园"里，大家也可以欣赏，花草也有好的生长环境，我们的房前屋后也更美丽。邹婆婆的举动带动了其他居民，居民陆续在"微花园"里为自己的花草找到了"家"。家长带着小朋友，把轮胎涂成五颜六色，画上自己喜爱的图案。翻土、种植、浇水，大家齐心协力，摆放好轮胎，百花争艳。社区公共空间的改造，是参与者爱心的积累。可以说，公益，"佳苑暖阳合唱队"在行动。

2017年12月，夏老师被评为万安街道"十佳志愿者"，不计回报，甘于奉献，正值夏老师外出的时间，奖牌由李班长为夏老师代领。这也为合唱队队员树立了好榜样，榜样的力量是伟大的。

公益行动不断践行，2017年课程接近尾声。罗婆婆想提前请假，她表示一个人在家中，春节来了，需要备点年货，打扫一下屋子，自己年纪大了，腿脚不利落，儿女也没在身边，还得自己慢慢打扫。当时旁边的叶阿姨听到这个话，就说：要不然我们合唱队组织几个队员帮你打扫了，人多力量大，你腿脚也不方便，高的地方你也不能打扫。叶阿姨的提议让我们出乎意料，这群人原本是需要我们来"伺候"的人，不到一年的时间，已经开始心怀感恩，用行动帮助他人。当天课后，我们就将此事告知了队员们，队员们踊跃

"自娱团体走向互助共享"的佳苑之路

举手报名。

征得社区陶主任和夏书记同意后，在报名的队员里面，选出了 4 个年龄稍微年轻的队员，并为社区 7 个院落的空巢、孤寡以及纯老家庭的老人助洁助洗。"老老互助"这个全新的概念在佳苑社区点亮，寒冬腊月，"佳苑暖阳合唱队"的队员们做出了一件又一件的暖心事件。

一转眼的时间，已经来到了 2018 年，春节前夕，吴伯伯提议，召集队员们开一次茶话会，针对寒假以及这一年大家的成长做一个总结。这一年，有人把花费在麻将桌上的时间转移到了兴趣爱好方面，也找到了一群志同道合的朋友，大家一起出去游玩，上课，做自己喜欢的事情，晚年生活也变得丰富多彩，看到了别人的晚年生活多姿多彩，才发现原来自己的晚年生活也可以如此，社区里有这么多志同道合的人。一年的课程告一段落，老人们的习俗是新年正月十五以后才出门，这个寒假，学员和老师们一起放假，20 天的寒假开始了，大家相互道别。

2018 年 3 月 7 日，恰逢"三八妇女节"的前一天，我们受合唱队班长的委托，给全体队员们每人准备一支康乃馨，以及为刘老师和夏老师共准备两束花。由于当天在花店买花价格太贵，我们选择去批发市场买花和材料，回来自己包装。总会有阿姨雪中送炭，叶阿姨"翘课"来帮忙修剪、整理花枝，我负责包装花束，最后在下课之前完成成品制作，心里无比激动。

新一年的课程开始了，我们见到刘老师和夏老师，刘老师说："我和夏老师准备撤出合唱队，现在佳苑的队员们已经有很大的进步了，加上吴伯伯可以作为老师为大家授课，这都是相当好的。以后，如果需要我们为你们排练的，我们义无反顾地来为你们提供。"刘老师提出的撤离对于队员们而言肯定是一个晴天霹雳。在新的学期，学员们兴高采烈地迎接刘老师和夏老师，作为知情人，心里无比忐忑，刘老师和夏老师离开合唱队以后，吴伯伯是否愿意来为合唱队教学？队员们会不会因此就散了？队员们会不会因此情绪化？一大波问题席卷而来。怀着忐忑的心情，利用课余时间，找到吴伯伯，询问他是否愿意为队员们授课，吴伯伯二话不说就答应了，他说："这一群有爱好的人，需要我。"在队员们都不知情的情况下，夏老师默默地上完了"佳苑暖阳合唱队"的最后一堂课，刘老师利用课余时间，和队友们寒暄。新学期的第一堂课结束后，所有的男队员为所有女队员献花，班长和我将花束分别赠送给刘老师和夏老师，一来是祝她们节日快乐，二来是对两位老师这一年来为大家辛勤付出，教授知识技巧表示衷心的感谢。送别夏老师和刘老师，始终未提夏老师和刘老师将不会出现在课堂这件事。

课堂还得继续，新一年的第二次课，这个"不幸"的消息队员们还是知道了，看到队员们有些许失落，但是有吴伯伯在，他们很欣慰，课程依然如期开展，每周两节课程照常进行。同时，他们总是不定时的做公益活动。

社区大大小小的活动，不再找寻社区文娱队，只需要找到吴伯伯或者班长。他们需要社区为他们提供舞台，社区改变带动了这群人的改变，不仅改变了他们"无奖品不参与"现象，而且让这群人在佳苑社区发光发亮，影响更多的人。

四 行动计划与策略

（一）社区互助，由"自助"到"互助"

"佳苑暖阳合唱队"最初只是一群有音乐爱好的人走到一起，他们需要组织，我们为他们链接老师的"兴趣小组"，逐渐成为"助人自助"的互助小组。从了解、发掘、培育再到链接，核心即在于建立信任关系、了解核心需求、把握动态变化、培育核心力量，更好地把握工作的"尺度"与"原则"，在此基础上更加有效地实现"助人自助"。

播种一粒种子，等待发芽，好的观念需要时间促进发芽。我们秉承"用生命影响生命"的理念，不断影响合唱队队员们积极参与社区活动。

佳苑社区的社区营造重点在于"人"，改变原有的自上而下，由社区想要给居民的是社区领导认为好的东西。到现在的自下而上，通过了解居民需求，居民想要什么，社区给什么的过程。时间是检验真理的唯一标准，给居民足够多的时间，不断激发潜力，激发社区活力。

（二）行动策略

结合社区自身发展规划，下沉院落凝聚百姓开展服务，秉持"用生命影响生命"的理念，影响更多的人达到"自我服务、自我管理、自我发展"的同时"助人自助"。进一步探索与规范建立社区基金雏形的运作与管理模式。提升社区活力，汇聚社区内外爱心资源，增强居民助人自助的意识与能力，提升社区整体幸福指数。

和谐的一个前提是接纳不和谐，我们尝试接受社区的不和谐因素，建立信任关系，最后打破不和谐的局面，使之和谐。

改变日间照料中心麻将桌横行的状态，根据兴趣爱好，开展互助小组活动，不断激发社区活力，吸引更多的人参与社区公共事务。

播种一粒种子，等待发芽，好的观念需要时间促进发芽。我们联系到刘老师和夏老师，请他们来到佳苑社区，从一开始影响合唱队的几个人到影响一群人，从开始他们的不理解，到后来的主动付出，居民共同参与，资源共享等，他们的生活质量得到提高，价值得以提升。

（三）行动程序

前期问卷调查，与居民建立信任关系，了解居民需求，根据居民爱好唱歌，却在社区里找不到组织的情况，建立需求，发掘社区能人达人，链接周边社区的优质志愿者资源，建立并培育互助小组，联动互助小组，建立社区基金，发展社区内生力量，形成社区内自我造血功能，使居民达到"自我服务、自我管理、自我发展"的同时"助人自助"。

五　结束语——社造启示

社区营造是一个漫长的过程，个人思想的改变贯穿着整个社区营造过程的始终。项目设计上紧扣社区发展规划，以兴趣互助小组的形式开展，通过前期常规活动，发掘积极主动的院落骨干与能人达人，通过问卷及走访调查了解居民的需求，与居民建立信任关系，建立互助小组，将活动深入居民，活动秉承"传帮带"、"文娱+培训"的形式开展，通过内容翔实、不惧挑战、坦诚相待的方式坚持做完活动。

改变以往自上而下的命令传达方式开展活动，转变为自下而上的居民想要什么，社区提供什么。增强社区居民策划执行能力与参与活动的主动性，扭转以往社区居民要有礼物才参与活动的观念，加强居民之间互帮互助的服务理念。

信任关系的建立是社区营造的第一步。建立信任关系，化解居民的干群之忧。我们结合社区实际情况，有序开展项目服务工作，关键在于依托已建立的互助小组，形成良好社区氛围，并通过建立社区基金，搭建社区基金运营小组，不断完善社区基金运营服务机制与管理办法，让更多的居民在达到

"自娱团体走向互助共享"的佳苑之路

自助的同时做到互助,帮扶社区困难群体,搭建社区、社工与居民的沟通互动平台。塑造文化,建立可操作性强、持续性强的特色社区营造项目。

佳苑社区地理位置的优势,让我们在社区营造的路上变得相对容易,带着居民的兴趣爱好,链接资源,整合社区内外资源,挖掘能人达人,为互助小组提供更好的平台,不断吸收更多居民参与,拉近社工与居民之间的关系。社区的问题还是需要社区人自己解决,社区人怀揣着对社区的情感与责任,外界的力量难以使社区营造长期有效的可持续发展。没有社区能人的参与和领导,社会组织和链接的志愿者一旦抽离,社区互助小组难以维持。因此,夏老师和刘老师的撤离对"佳苑暖阳合唱队"而言也是成长的必经之路。

社区营造永远是一个未完待续的故事,生活在继续,未来无法预知,佳苑社区互助小组的故事还在继续,未来发生的事情我们都无法预见。"佳苑暖阳合唱队"的建立只是佳苑社区的一个开始,8个互助小组(佳苑暖阳合唱队、手工坊、交谊舞、广场舞、妈妈帮、亲子共读、老老互助、佳苑社区发展治理微基金委员会)合作共赢,社区的事情社区人自己解决,居民对社区的感情、责任感与认同感,建立自己理想型社区,维护社区,不断学习与成长,提升自己的能力,实现助人自助。

通过这两年的社造之路,我们看到了佳苑社区一小群人的改变,还在等待一大部分人的改变,每一个故事并非都可以复制,因地制宜地制订项目计划,改变社区状况的关键始终是"人"。看了很多案例,实地走访了很多社区营造项目点,在实践与学习过程中,结识了一帮志同道合的社工伙伴,大家互相出谋划策,共同学习;同时也学习了社区营造的概念、台湾地区及大陆的一些先进案例、社区营造过程中的一些实用工具。在实践中行走了两年,发现项目服务理论和实践操作方面始终存在着矛盾。一些连续性服务活动需要持续开展才能巩固效果，但是部分互助小组活动持续性相对较差，部分居民的持续参与性较差，希望能随时随地参与其中。也希望在后期服务过程中能够更有效地解决理论跟实践之间的矛盾，做到社区和居民双赢的格局。作为社会组织要把位置放在为社区、居民服务的角色，放在链接的位置，中立、不偏不倚。影响更多的人参与到社区公共事务，夯实群众自治基础，参与社区公共事务。协助互助小组策划和组织开展活动，丰富社区居民生活，满足居民需求，增强居民的社区归属感，解决居民的根本之需。

我们所理解的社区营造

社区营造中的人、文、地、产、景始终围绕着人，即社区营造的核心是"人"，寻找社区的"出头鸟"以及对立者，通过前期在社区中搅局，达到"造人"的目的。居民想要什么，我们给什么，并不是一味地满足物质需求，一味地向居民妥协，只是将曾经自上而下的领导方式改变为自下而上的民主社区。社区营造之路是不可复制的，我们可以根据参观走访、阶段案例以及在实践的道路上不断摸索前进，观看别人的故事，在社造路上不断前进，成就自己的社区营造之路，使之可持续发展。

社区故事写作者：刘力，不要认为我是一名boy，其实我是一名girl，生于壬申猴年，175厘米的身高让我在人群显得格格不入，作为新时代青年的我，不但是少年与中年沟通的桥梁，更是社区营造创意互助的参与者和引导者，曾从事教育工作的我，现在是成都众诚社会工作服务中心的一名一线社工，从事社区营造工作。

案例供稿机构：成都众诚社会工作服务中心

"昌衡故里 田园渔乐"的美丽新乡村

——彭州市升平镇昌衡村乡村营造项目

◎ 引语

以社区本土文化为载体，传历史文化爱国情，以居民参与为主，展田园渔乐昌衡景。

"昌衡故里 田园渔乐"乡村营造项目主要立足于昌衡村自身特色，以"昌衡故居"以及"稻田鱼节"为载体，一方面对社区独特自然人文、共同历史记忆进行挖掘，引领居民对社区文化的传承；另一方面，对社区微景观进行规划打造，带领村民积极参与"美丽社区"建设。项目通过内部力量培育，成立村民志愿者、故居讲解员团队、美食团队等自组织，为村民赋权增能，使其参与到乡村营造中来，通过社区村民的力量，共同打造社区微景观，让社区更有特色；同时，通过外部资源链接，促进城乡交流，并将党建与乡村特色融合，推广宣传昌衡村。

一 项目背景

彭州市升平镇昌衡村，位于彭州市升平镇，距升平镇1.5公里，自然排洪河马牧河、杨柳支渠穿境而过。昌衡村辖区面积3.6平方公里，辖16个村民小组，共983户，总人口3130人，其中正式党员105人，耕地面积3400余亩。昌衡村先后被评为全国文明村、省级生态村、省级四好村、成都市传统村落、成都市"三美"示范村等荣誉称号。昌衡村依托尹昌衡的先进文化以家风家训为引领，倡导全村村民做文明人、做文明事、说文明话。现在昌衡村干群关系和谐，民风淳朴，环境优美，2017年已被评为"全国文明村"。

昌衡村具有深厚的文化底蕴，是辛亥革命传奇将军、四川大都督尹昌衡的故里，尹昌衡故居最早建于清咸丰三年（1853），后于1998年重修，现故居于2013年落成。故居系川西民居式建筑，占地36亩。主要包括共和文化广场、辛亥园林、纪念群雕、止园碑廊、尹昌衡纪念馆、尹昌衡祖宅纪念馆几个部分。昌衡文化作为成都近代的一段历史，对于研究成都近现代史、研究辛亥革命前后社会情况有重要价值，同时也给研究辛亥革命的学者提供了宝贵资料。现昌衡故居为爱国主义教育基地、廉洁文化教育基地。昌衡村依托昌衡故居以"生态是基础，文化是灵魂"为发展理念，依托昌衡故居和爱国主义教育基地，打造昌衡故里观光旅游。

2016年10月，由成都市民政局、彭州市民政局主办，成都市常青树社会工作服务中心和彭州市升平镇昌衡村村民委员会承办的"昌衡故里·田园渔乐"乡村营造项目在彭州市升平镇昌衡村启动，成为成都市首批开展社区营造行动的项目点位。

二 初期：自组织的培育发展

乡村社区的营造，主要基于自身的特色和实际情况，营造方式和侧重点

"昌衡故里 田园渔乐"的美丽新乡村

不同,从环境整治到产业构建,形成的社区类型也丰富多样。社区营造工作的参与主体是多元的,包括社区居民、地方政府、地方传统组织,其中社区内部居民虽然多为普通民众,但他们作为利益诉求者和直接获利者,在整个社区营造工作中是主要参与者和抉择者,培养自我组织能力,发挥主要作用。

通过前期走访调查,社工了解到昌衡村辖区面积3.6平方公里,这种典型的农村散居院落,造成了村民居住相对比较分散,队与队之间地理位置分散,无法集中推广一些活动,受众较狭窄。项目初期,社区营造的概念并不能很好地让村民和村委会理解,这是社区营造推广中的难点,特别对农村社区而言,他们不知道社会组织是怎样的。

为了促进村民参与,除了注重启动仪式的宣传和推广,着力于村民骨干的能力提升和意识转变,通过积极性较高的村民参与,再带动其他人。在此过程中,我们首先挖掘了一批村民骨干,他们作为社区工作人员或者村中的纽带,在社区有一定的影响力。与此同时,积极在村里培养自己的自组织队伍。

1. "爱心之家"志愿者队伍

志愿者队伍的重塑和培训。开始,社工在村上招募志愿者的情况并不理想,宣传招募在人群分散的乡村社区,关注宣传单和回应的人不多。后来,我们在村委会的帮助下,通过与社区骨干交流,并结合社区曾经的党员志愿者,进行筛选走访。在此过程中,我们要感谢村委会的支持,昌衡村的社区工作人员首先报名参加了志愿者队伍,有了社区工作人员的带头和影响,我们顺利完成了初期招募。在一系列培训活动中,打造一支20余人的昌衡村志愿者队伍,开展志愿者服务,并暂定每个月的25日为志愿者服务日。2016~2017年,"爱心之家"志愿者队伍组织开展了志愿者协助参与镇农民运动会、新年联欢会、端午节活动、慰问困难群众、社区微景观打造等志愿者服务。

2."走进昌衡"讲解员

昌衡故居是文化传承的地方,"与经典同行,与圣人为伍"的昌衡文化氛围,其所包含的民族精髓、家风家训,值得我们弘扬和发展。作为昌衡人,我们首先应该知历史、学精神。

培养一支能够讲解昌衡历史的村民,一方面是为了传播本土文化,牢记我们的社区故事;另一方面,是寻找传承和发扬文化的途径。昌衡文化更多关注历史和文学,寻找能够对历史和人物事迹深入学习的村民,就是我们所面临的主要问题。农村社区不同于城市社区,农村社区中,年轻人大多外出务工,留守社区的主要是老年人和青少年。在和村委会讨论之后,我们从社区青少年开始,逐渐深入到村民,这是我们的初步期望。

2017年,"走进昌衡"乡村讲解员培训开始,通过四期小组培训和比赛活动,村史简介、昌衡故居简介、昌衡故居讲解内容分析、制作讲解图示,昌衡故居模拟讲解培训。在这个过程中,昌衡村的许多青少年对家乡历史从不熟悉到熟悉,再到能够对别人讲自己的家乡,是对家乡的肯定,既是自我能力的锻炼,也是家乡文化的传承和发扬。"现在的昌衡村,娃娃也可以讲昌衡故居"是村民的一种感叹。现在,我们正开展昌衡讲解员培训的第二轮,争取培养可以引领外来人员参访的讲解人员,让外来人员也感受到昌衡风采和特色。

3. 农家私房菜团队

昌衡村是升平镇稻田鱼的发源地,每年升平镇都举行稻田鱼美食文化活动,美食文化也是昌衡村的特色之一。昌衡村是典型的蔬菜之乡,村民们以蔬菜、水稻种植为主,结合其绿色田园生态环境,集稻田鱼、稻香米、农家菜肴为一体,是昌衡村推广文旅乡村的另一特色。同时,我们希望通过美食,促进村民融合,链接村民之间的关系。

昌衡村农家私房菜团队的成立,由昌衡村有较好厨艺的妈妈团队组成。在我们招募的过程中,通过一次团圆宴美食比赛开始,通过这次活动,我们找到了一些喜欢做饭,并经常协助乡厨外出承接宴席的一些帮厨阿姨们,以及在家里能做得一手好菜的家庭主妇。在活动中,她们都积极参与,并支持我们的一些后续活动。

三 昌衡印象名片的打造故事

营造理念应当由社区内部孕育而生,是对社区独特自然人文、共同历史记忆、共同诉求等的深入挖掘,能够得到社区居民的认可和共鸣。

2017～2018年,常青树开始致力于昌衡名片的打造,通过对社区工作人员的培力计划,社区活动等促使自组织的活化,激发村民共建共享共治。

(一)寻找好家风好家训

"德垂后裔斯为寿,学传先绪名乃成",这在尹昌衡故居客堂前挂的对联,也是对后人的两点要求:道德和学习的传承!昌衡在立言立德等方面,不仅对子孙的学习、做人、做官等教育深刻,影响深远,也留下了宝贵的家风家训财富。尹昌衡先生的优秀家风家训,是引领大家学习和传颂的典范故事,也对昌衡村有着潜移默化的影响。

鉴于昌衡村由来已久的优秀家风家训事迹,在彭州市纪委、市妇联的指导下,常青树驻昌衡村社工与昌衡村村委会在全村范围内开展村民的好家风好家训故事传承与推广,"传家训、立家规、扬家风",将崇尚美德、遵纪守法、廉洁自律等社会正能量深入到家庭，引导村民提升素质、树立正确人生观、世界观和价值观，营造良好的村风环境。

一方面，村委会开展"廉洁文化进家庭""读书思廉"教育活动。另一方面，我们联合昌衡村村委会开展了"好家风好家训"系列活动，通过家风故事收集，网络及现场投票，评选优秀家风家训，提高居民互动，传承好家风，共谱家风墙。

"好家风好家训"系列活动包括以下几项。

（1）通过昌衡村志愿者团队，在全村范围内进行活动宣传，鼓励村民说出自己的家风故事。

（2）社工与村民进行面对面交流，通过村民的讲解，真实有效的反映出村民的家风家训，并撰写昌衡村家风家训故事。

（3）通过网络及现场投票，评选出优秀家风故事，在表彰优秀的同时达到宣传昌衡村优秀文化的目的。在网络投票与志愿者投票环节，参与人数2000多人次。提高了居民互动频次，也促进了志愿者骨干力量的参与。

（二）一堵墙的改变

以"景"的打造带动"人"的参与，我们希望通过微景观的打造，带动村民对社区公共空间进行打造，将党建和昌衡故居文化融合进社区景观。现在，我们基本上完成了"昌衡印象"墙绘、"昌衡结"等微景观。

如何让老旧的墙面焕发生气，成为院落改造的一道风景线？

2018年6月，成都市常青树社会工作服务中心驻昌衡村"昌衡故里　田园渔乐"乡村营造项目开展了以"昌衡·印象"为主题的墙绘活动。前期，常青树社工与西华大学志愿者、昌衡村村民进行了三方沟通，就墙绘主题进行了定位。在指导老师的协助下，我们邀请村民一起对昌衡村的标志性

"昌衡故里 田园渔乐"的美丽新乡村

特色进行归纳,结合昌衡村青少年绘画作品,我们共同设计了以"社区地图""昌衡故居""绿水青山就是金山银山"为主题的初稿图。

在常青树社工、志愿者、社区青少年的共同努力下,一幅"昌衡·印象"呈现在大家面前。现在,这条僻静的小路,不仅是昌衡村社区教育示范点,还是青少年议论的焦点,因为这里有他们留下的祝福朵朵。这堵墙从开始讨论到完工,历时一个多月,虽然进度比较慢,但都是大家共同努力的成果。

四 结语

下一步,我们将围绕"昌衡·印象"主题,将昌衡人文、地产特色结合,突出社区共融,营造社区合力,传承和发扬昌衡文化,宣传推广昌衡特色。主要包含"活力昌衡""魅力昌衡""四季昌衡",集昌衡游学路线、产业特色、社区活动于一体,突出昌衡村以"绿色田园为本底,自然院落为映衬,以昌衡国学文化为内核,加强外部风貌塑造和内部功能提升"的特色和优势。

在为期三年的项目中,我们期望通过规划设计专家、高校教师、大学生志愿者、社区及社区工作者、社工机构和居民等多方力量的共同参与、共同努力,使社区工作者的服务意识从简单到熟悉;居民对社区公共事务从事不关己到主动承担;居民关系从冷漠到融洽;社区自组织队伍从无到有。这个循序渐进的过程,每一步都很有挑战性,但项目的开展方式,在社区发展治理方面,也具有很强的推广性。

我们所理解的社区营造

新型乡村社区营造要凝聚活化乡村共同体精神。乡村文化振兴作为乡村振兴不可或缺的重要组成部分，不仅能够推动乡村社区共同体的构建，还能够增强乡村社区的凝聚力和互动性。因此，乡村社区的营造需要注重乡村社区文化融合，形成乡村社区共同体。不同乡村社区有不同的情况，尊重不同乡村社区文化差异是营造乡村社区共同体的关键。乡村社区共同体的形成是一种基于乡村社区治理、乡村社区文明、乡村社区习俗、乡村社区生态等诸多层面的认同，文化具有凝聚、融合、协调乡村社区居民心理和行为的功能，也是乡村社区共同体营造的纽带。乡村社区营造需要构建一种乡村居民都认同的、具备公共性特征的乡村社区公共文化，需要不断注入新时代的核心价值"血液"，最终形成新时代乡村社区共同体。

社区故事写作者： 刘光静，昌衡村营造项目驻点社工
案例供稿机构： 成都市常青树社会工作服务中心

"暖心故事坊"传递幸福

——成都市青白江区大弯街道怡湖社区

◎ 引语

一颗种子的孕育，需要适宜的土壤，一支团队的培育，同样需要构建一个承载、滋养的心灵场域来引导它的成长。

◎ 案例概述

这是一个国企职工家属院的老旧院落，这个院落的居民多是川化厂的退休老人，在他们的身上闪耀着集体主义意识和担当的精神，通过凝聚这股精神和意识，以暖心故事坊为院落营造的阵地，培育情感关怀志愿者团队，推动团队个人及集体的意识觉醒，通过队伍的暖心服务、价值传递，引领居民意识的提升和行为的转变，以善引导善，以美生发美，激发居民内心对美好生活的渴望，树立榜样、创建院落暖心文化场域，发挥社会心理的影响力和群体效应，促进院落暖心氛围的形成。

一　怡湖社区青江东路 85 号院介绍

怡湖社区地处青白江区中心，位于青江东路 85 号的川化职工家属院是怡湖社区最大的居民院落，占地4万平方米，建于20世纪80年代，共有25栋居民楼，1047户，常住居民约3100人，约占社区总人口7788人的40%，流动人口270人，其中60岁以上退休老人占人口总数的50%以上，退休党员有190余名。该院是典型的老国企改制后职工家属院，常住居民以川化职工及家属为主，人口密度较高，居民生活背景类似，有着共同的思想价值观，相近的文化素质，在小区建设上带有明显的企业管理痕迹。小区内占人口总数一半以上的退休老人，都有退休金，生活状态比较稳定。国企的改革使一些人面临转岗再就业的困难，思想积极的年轻一代，则选择了进城就业和居住，一个标准的老龄化院落就此产生。

院落内的很多老人和子女处于异地居住状态，生活模式单一，精神生活贫乏，内心孤寂无处倾诉，在不缺少政府关怀和物质条件的情况下，个人身心健康状况成了考量生活幸福与否的主要标准。岁月带走的不只是光阴的故事，还深埋了老人曾经的辉煌和美好记忆，子女不在身边，无人陪伴这些老人说说心里话；近年来，虽然政府加大了对老年人的关怀力度，但能组织老年人参与感兴趣的团体活动非常少，社区在节日期间组织的活动过于模式化，远不能满足居民的需求。

院落内有失独老人5户，孀居、鳏居老人40户，空巢老人10户，单亲家庭20户，还有大量儿女不在身边的老人。家庭问题及困难不能得到及时解决，特别是空巢老人、失独老人、多病老人、残疾人存在不同程度的心理健康问题，迫切地需要心理的陪伴与关爱。

川化厂是老国企单位，随着国企改革的深入，单位制员工从单位走向社会，居民之间的联系逐渐弱化，流动人口在不断增加，人员异质性增强，人们越来越注重个人实利，居民间的疏离感在不断蔓延。对子女不在身边的老人们来说，淡薄的邻里关系，日渐疏远的邻里情感，使邻里之间的互动越来越少，相互的包容度也越来越低，邻里之间的矛盾与纠纷、环境卫生问题、公共事务管理问题日益凸显。

小区由润嘉物业、川化厂退委会来负责相关物业管理、退休人员事宜，没有成立业委会，由社区委任的3名小组长在处理公共事务问题。居民在面对小区事务时，仍存在传统的依赖观念，缺乏传统的邻里互助意识、自觉精神，参与社区公共事务意识淡薄。

2017年8月成都市太阳花社会工作服务中心（机构）入驻之前，院落还没有任何社会组织开展活动，居民对社会组织比较陌生，社区对公服资金的使用缺少经验。在前期的调研中，我们发现大多数老人把暖心陪伴放在了第一位；其次希望增进邻里关系。在子女不在身边的情况下，邻里之间相互帮助显得更加重要，希望院落能够举办一些增进邻里感情、促进邻里和谐的活动，同时希望院落里的环境卫生问题、宠物问题、服务配套设施问题可以得到解决，这是老旧院落的普遍现状，也反映了居民们内心的诉求。

二 能人的发动

川化集团（原川化厂）是大型国有企业单位，始建于1956年，发展至今已有60多年的历史，川化厂职工家属院的居民一半以上都是退休的干部职工与家属，这些老一代的川化人见证了川化厂的历史与变迁，国有制集体主义精神与认知已内化于心，尤其老党员和老干部，虽然脱离了单位，但是传统的责任意识和担当精神仍流淌在他们的血液中。

院落有190余名退休党员和川化厂俱乐部的文艺队伍，这批老党员在退休前多是川化厂的干部，无论是思想觉悟还是工作能力方面，在小区的事务上起着带头和骨干的作用，邻里关系中有良好的口碑。社区里有两支文艺队伍、腰鼓队和舞蹈队，文艺队伍平时参加社区传统节庆表演，他们是活跃院落氛围，进一步发动院落内居民参与、发掘自组织人才的基础。

机构在项目启动前，我们的团队找到了院落里负责公共事务的3名小组长，何天才、廖美琼、张仁群。何叔叔近70岁，夫妻二人都已从川化厂退休，退休前曾担任川化分厂工会主席，是高级政工师；2005年任小区党小组组长至今，业余爱好是钓鱼，院落里有很多鱼友。何叔叔退休后，除了照看孙子、做些家务，联络院落里的公共事务，钓鱼、下棋是生活中最大的乐趣。廖阿姨，老伴已于2015年去世，孩子和其他的亲戚都在成都市居住、工作，只有自己在青白江区，表面看起来是独居老人，但年近70岁的她却是热情十足，活力四射，廖阿姨担任川化厂退委会第六支部五小组组长及三区第二小组组长。担任青白江区威武鼓舞队队长、老年大学腰鼓队队长、川化腰鼓队队长，她们组织的文艺队伍代表青白江参加舞蹈类比赛经常获奖，廖阿姨本人也非常热衷旅游，经常组队集体游玩，跟上廖阿姨的团队，大家感觉都非常放心。张阿姨，院落的居民都亲切地称她为张二姐，年逾花甲，退休前曾任班组组长，是大家信赖的邻家大姐，交际广泛，性格开朗。生活中遇到需要帮忙的事，大家首先会想到她，在她身边，你能感受到她真诚的态度和浸润心田的感染力。

这3名小组长退休前都曾是川化厂的骨干，是老国企集体主义精神的代表，思想觉悟比较高，有责任意识，愿意担当，广受居民信任，有深厚的群众基础，同时又特点鲜明、各有特长，是自组织队伍建立的原始动力。2017年7月，我们同3位叔叔阿姨进行了详细的沟通，他们觉得社区营造是新鲜事物，闻所未闻，但愿景非常好，利己利人，"谁不想自己生活的家园更好呢"，单凭着内心的热情和憧憬，他们3位就成了我们"情感关怀志愿者"团队的第一批核心成员。

三 "暖心故事坊"在向每一位居民招手

（一）"暖心故事坊"是团队的根据地，也是每位居民的心灵港湾

"暖心故事坊"场地的设计思路，是落地于院落内、环抱于居民中的公共空间，功能上形同情感的加油站、各类公共事务的咨询室，接待居民来访，给予暖心陪伴与咨询，是自组织开展志愿服务的窗口。在这里，居民可以被倾听和倾诉，可以讲述自己的故事、邻里的故事、烦恼的故事、亲子的故事、情感的故事，而使暖心故事坊成为社区居民间的心理陪伴、彼此支持、相互分享的互助场域，是每位居民真正的心灵港湾。

2017年8月，"暖心故事坊"正式在青江东路85号院23栋2单元1楼一个10平方米大小的空间落户。经过精心的设计和布局，机构团队成员和我们最早的志愿者们一起动手，从窗帘选择、墙面粉刷、地板、展板及信箱的安装到墙上海报的张贴进行系列的布置，经过半个月，一间温馨、暖心的小屋呈现在大家面前，正式接受社区及院落居民的参观。这也是本小区第一支自组织队伍发展、成长及团队建设的摇篮。

这里有一个温馨的小故事。2017年8月22日中午，"暖心故事坊"里门窗刚刚粉刷完，屋内的油漆味还非常浓，两位志愿者先回家休息了，机构负责人张老师和王老师便马不停蹄地开始了墙面的布局、墙上海报的张贴，等志愿者们归来，两人仍然在比对尺寸，浑然忘我，刺鼻的味道让志愿者们无法驻足，刚刚踏入房间便又匆匆离开了，两位老师完成墙面的整饰和海报张贴就招呼了志愿者便从青白江回到了成都市。这一情景早已离开了两位老师的脑海，却久久定格在志愿者们的心中，用他们后来的话讲"两个女人从成都市来到这里，如此认真地做事情到底是为了什么？"正是这样的震撼给了

志愿者们最初的激励和最深远的影响。

（二）情感关怀志愿者团队的诞生

何为情感关怀？"当生命感受到爱，他的良知就会升起"。根植于人的内心感受，把暖心服务的体验传递给居民，使其感受到温暖和关怀、理解与尊重，从而产生心理动力不断传递这份善意与真诚，这便是幸福的循环，是团队将要做的事。

2017年8月项目启动后，第一批3名核心志愿者带着最初的憧憬和热情，开始招兵买马。何天才叔叔首先发展了自己的鱼友，院落里的钓鱼爱好者们，有3名鱼友相继加入团队，后来经过几名铁杆鱼友的相互推荐，又感召了3名居民加入我们的团队，这是何天才叔叔这个小组的最初成员。廖美琼，院落里的文艺之星，以党组织为基础，先后链接退委会、党支部以组织的形式让更多居民了解"暖心故事坊"，两名党员同时加入团队，1名文艺骨干随后参与进来。张仁群，这位邻居大姐，充分调动自己的人际网络，推荐3名志愿者，其中1名志愿者最后转化成为我们的驻点工作人员。到2017年11月我们的志愿者团队稳定在13人，包括从居民发展而来的2名驻点工作人员，院落暖心故事坊团队共计15人，机构的张老师和王老师作为项目的技术督导和统筹，陪伴团队成长。

当然，招募的过程会经历一些曲折，一个新生事物的到来，总会面临很多质疑，很多人在观望。何叔叔曾讲过自己惨遭拒绝的情景，"你们不要回报，到底卖的什么药"，这种怀疑与质问当时让他感到非常尴尬，但正是这颗党员责任的初心，使其保持始终如一的动力，不断给予居民以言行的示范。廖阿姨的性格热情，她走的是党组织建设的路径，曾动员支部书记进行宣传，要求党员们加入，但这一建议遭到一些支部书记的强烈反对，徒增的责任义务让很多人知难而退，廖阿姨产生了很强的挫败感。而张二姐的动员初始非常有效，有多名居民加入团队，但随着培训的开展，有几名志愿者无法坚持，这是队伍建立过程中遇到的困难。团队建立初始，我们没有设置条件对志愿者进行筛选，只要意愿足够，我们便敞开怀抱，但经过三次团队建设，这支志愿者队伍成员才真正地稳定下来。

经过团队内部讨论，集体表决，情感关怀志愿者团队确立自己核心的价值观、文化与理念：

（1）使命：提高居民的幸福力，把和谐关爱种植在每个人心中；

（2）口号：手捧初心，相互温暖；

（3）文化：暖心自己，温暖他人；

（4）价值观：情感关怀促进心的觉醒；

（5）愿景：营造有情怀的暖心社区。

这些文化与价值理念是凝聚团队精神与意识的软性土壤，是指引大家前行的方向，通过持续的浸润，慢慢渗入团队成员的心中，形成每个成员共同的认知和行动的指引。

（三）心的呼唤，给自己再找一个温暖的家

这支志愿者团队主体大部分是60岁以上的老年人，团队集体的学习和服务增强了成员之间的情感链接与支持，不仅排解了心中的孤寂与落寞，更使老年伙伴们的视野越来越开阔，生活的动力越来越强。

70多岁的陈介贻叔叔是川化厂的退休职工，家住青江东路85号12栋。有个女儿在成都市上班，只有老伴在身边，平时比较寂寞，性格非常内向，总想做点事，和人说说话，但思想包袱很重。自从院落"暖心故事坊"搭建以后，陈介贻叔叔经常来聊天，工作人员贴心的问候和陪伴给他留下深刻印象，他的性格开朗了许多，心情也好了很多，"暖心故事坊"的学习和活动成了他精神上的重要寄托。陈介贻叔叔的爱人表示，陈叔叔来到"暖心故事坊"后，思想有很大转变，话也多了，愿意和他人交流一些看法，并接纳不同的观点，生活不那么封闭了，甚至会主动参加一些团体的活动，"暖心故事坊"已经成了陈叔叔生活中重要的一部分。陈叔叔最终成为我们"情感关怀志愿者"的成员。

四 赋能，使每个人都成为发光发热的太阳

情感关怀志愿者团队的 15 名成员，其中有 5 名党员，有 10 名是从川化厂退休的骨干。老国企的集体精神与责任意识使其有坚定的意愿持续的学习和成长，做一名"自愿者"为本院落做实事。经过几次团队建设活动，队伍内部统一共识"帮助他人，成就自己"，先打牢基本功，惠及自身，再影响感召他人。

情感关怀技术，包括倾听、共情、沟通、眼神、拥抱五项内容，由机构专家团队依据咨询心理学、社会心理学、集体心理学、国学、身心灵成长技术结合多年社会工作的实践独立开发出来的一套兼具专业性与实用性的课程体系，深植于人的内心，赋予暖心文化内涵。以情感关怀技术与理念指导团队学习与服务，使每个人都感受到自身的成长，身心状态的改善，家庭关系及邻里关系日渐和谐，让自身真正受益，并有真实的获得感与存在感。

廖祖蓉是本院落的居民，最初是一名"情感关怀志愿者"，参加培训后，感觉收获非常大，用她的话讲"团队改变了我"，通过认真练习与实践，与家人的关系逐步融洽，更能倾听和体贴丈夫，心态变得平和。当时"暖心故事坊"正需要一名驻点的工作人员，来开展与居民沟通的工作，廖姐虽然不

够自信，但团队的支持给了她在这个平台锻炼自己的勇气，愿意用学习到的技术为院落居民做一些事，从而转变成项目的驻点工作人员，工作是全新的，但这份成长后的信心和热情，让她全身心地投入工作，有很多居民发展成为志愿者。现在的廖姐非常感恩这个机会，她说自己的性格更柔和了，以前不善言辞的她得到居民的认可，这份快乐与价值感是无法言喻的。

廖祖蓉的成长与改变是"情感关怀志愿者"团队成员集体成长的一个缩影，每个人都是受益者，同时也是实践者和见证者，技术只是一个载体，而传递出的关怀、暖心的体验使团队形成强有力的链接，每个成员不仅是幸福的传递者，更是接受者，爱出必返，以"暖心故事坊"为基地，情感关怀的暖心文化场域，自志愿者团队开始构建起来。

五 暖心服务，使每个成员成为幸福传递的火种

随着志愿者们的学习和成长，团队的理念认知与技术逐渐成熟，2017年12月以志愿者团队为主体面向院落居民的暖心服务正式展开。团队本着"有序参与、有效服务"的原则，入户走访困难老人、调节邻里纠纷、接待居民来访、开展暖心咨询，以居民需求为导向，以驻点人员罗兴华、廖祖蓉为调度，以小组形式如火如荼的开展起来，帮助他人，快乐自己，自服务第一天开始，大家的热情就再也没有停歇。

（一）心理关爱，从身边最需要的老人开始

在这个人口普遍老龄化的院落里面，包括失独老人、空巢老人、多病老人以及残疾人在内的困难人群在100人以上，情感关怀志愿者们自2017年10月26日开始第一次入户的关爱后，居民们就对这支队伍有了更多的关注，

随着一次次的走访和关怀，居民们对这支队伍、对暖心文化的理念有了更多了解。只有真情实感才能打动人，老人的心理得到慰藉，越来越多的居民走进"暖心故事坊"，他们期待得到志愿者的关怀与探望。2017年10月至2018年7月，志愿者们对老人的关怀与探访大大小小已经有20多次，暖心服务的理念逐渐深入人心。

70多岁的陈德昭阿姨是"情感关怀志愿者"队伍中的一员，自从加入团队进行学习后成长和改变非常大。陈阿姨平时乐于助人，但沟通缺少技巧，经常会得罪别人，一片诚心却得不到别人的理解，自己也非常苦恼，通过持续的学习，陈阿姨逐渐调整自己的表达方式，注重倾听与同理，发现他人的优点，不强调自己的观点与道理，与身边人的关系变得越来越和谐，邻居有什么心事都愿意和陈阿姨说。参加团队的志愿服务后，陈阿姨更加关注到身边人的需求，王文海老人长期瘫痪在床，儿子也得了脑梗，陈阿姨非常关注他家庭的困难和需要，"暖心故事坊"团队也通过陈阿姨的推荐上门拜访和陪伴，陈阿姨发现他家的情况可以申请失能补助，得到救助，并协助王文海家人最终通过申请得到每月1000多元的救助，缓解家庭的困难，这和陈阿姨的成长与用心是分不开的。

（二）调节邻里矛盾、家庭关系，让院落回归邻里相亲、家庭和睦的幸福

国企改制，职工从单位制企业走向社会，人们的个人意识在逐渐强化，在这个老旧院落里，邻里之间的碰撞时有发生，家庭关系的矛盾屡见不鲜，关注邻里问题、促进家庭和谐，改善院落关系的土壤，便是整个团队努力的方向。

这里有一个因厕所漏水而致邻里纠纷的故事。2017年5月，院落12栋2楼的阮师傅家厕所就开始漏水，楼下的冯师傅家深受其苦，冯师傅多次与

"暖心故事坊"传递幸福

阮师傅交谈,请求他尽快处理,但阮师傅表示无能为力,不想再继续修理。冯师傅多次提醒,直到2017年11月,厕所仍在持续漏水,冯师傅无法忍受,考虑用法律程序来解决,但他知道院落里有"暖心故事坊",就先询问"暖心故事坊"能否协助解决。

暖心志愿者团队了解此事后,志愿者何天才叔叔及时到涉及纠纷的两家人的家里进行走访,了解情况。阮师傅本人残疾,是低保户,无力承担漏水维修费用,所以双方在漏水维修问题上僵持不下。何叔叔多次上门协调,安抚双方的情绪,给双方进行心理疏导,让大家心平气和面对共同的问题,找到双方愿意和睦相处的意愿,从解决问题的有效途径出发,征求双方意见,咨询了律师,化解冲突诉诸法律诉讼的风险,同时分别给川化退委会、润嘉物管公司写专题报告,联系他们协助解决,并及时把走访的情况与事件发展的动向汇报给社区,联系社区的工作人员来到现场,协助两家人协商,给予困难支持。

志愿者们持续的跟进和关心,给两家人很大的安慰和支持,最终通过申请快速救助得到资助,阮师傅同意尽快解决漏水问题,他本人出资1000元,双方达成共识,志愿者们及时联系了两家维修人员进行了比价,于2018年1月11日施工,1月18日交付使用。

持续一年的邻里纠纷经过"暖心故事坊"团队及社区多方努力,圆满解决,两家人的关系得到了修复,关系和睦如初,得到了社区居民的一致认可。冯师傅感慨地说:"当初我把此事反映给'暖心故事坊'志愿者,只是抱着试试的心态,没想到这么快就圆满解决了,真是在我的意料之外。"

自"暖心故事坊"志愿服务的窗口向居民开放以后,团队接待和了解的邻里关系矛盾事件大大小小就有十几件,除了上门走访协调,志愿者还把邻里双方请到"暖心故事坊"进行协调,遇到棘手的问题,集体讨论解决方案，短时间解决不了的问题，团队也会持续跟进事件的发展，陪伴双方的情感，志愿者们的用心和真诚打动着每一位受助的居民，他们感受到的是贴心的温暖和支持。这种温暖的传递时刻在影响居民的认知和心态，背后则是院落关系的重新建构。

（三）"暖心故事坊"，居民暖心服务的窗口，每个人的心灵港湾

2018年3月，"情感关怀志愿者"们正式在"暖心故事坊"接待居民来访，周一至周五，两人一组，实行值班制度。作为居民的心灵港湾，这间温馨的小屋形似心理咨询室为居民提供暖心咨询、心理陪伴、情感支持的服务；作为志愿服务的窗口，院落里的家庭关系、邻里关系调节、困难人群心理关爱、公共事务联络等服务也囊括其中，志愿者们开始大展身手。

"暖心故事坊"，开始启用的时候，来访人数非常少，居民们觉得过于正式，好像有问题的人才会走进去咨询，宁可在外面向志愿者反映问题或谈心，也少有人走进去。为了打破这个局面，团队讨论了很多办法，先是发动身边的亲戚朋友过来聊天，带动周边居民，而后摆点宣传，动员走访过的老人与居民参观，经过一段时间的努力，越来越多的居民走进来，咨询他们烦恼的问题，了解他们关心的事情，这个小小的空间，真正成为服务居民的窗口。

年近80的宋玉明大妈是院落老住户，自从来到"暖心故事坊"以后，就成了这里的常客。志愿者们耐心的倾听与关怀让她感觉非常温暖和舒畅，她认为这里是院落老年人非常需要的地方。老人孤单寂寞，儿女也不常在身边，志愿者的温馨陪伴和倾听对老年人的心理有很大抚慰作用，不仅能化解烦恼，也能为老年人的生活带去更多色彩，老年人在这里找到了贴心人，老年人家里有什么需要也能及时得到帮助。现在宋大妈已经成了我们的宣传

"暖心故事坊"传递幸福

员,她不仅给团队介绍院落里需要帮助的困难老人,同时还向身边的人宣传"暖心故事坊",把院落很多老年人带到"暖心故事坊",让院落的老年人都能感受到志愿者的陪伴和帮助。宋大妈是团队的忠实粉丝,她以热情和用心的态度感染和影响着大家。

暖心咨询是"暖心故事坊"的一项重要功能,而值班的志愿者,更像一位心理咨询师。从倾听开始,以开放、宽阔的胸怀接待每位居民的诉说,做好情感关怀要求每个志愿者像一位完美母亲一样去迎接和承载每一位到访的居民,给予每个人无条件的尊重和理解,这个过程对志愿者是极大的历练,从表情、姿态到动作、语言,大家在实践中得到巨大的成长,由我们设置了专职老师在线上志愿者群每天为大家进行指导,以前爱抢话、插话的志愿者慢慢学会了倾听,爱讲道理、辩是非的也能尊重、理解来访者的立场……这个过程使团队处理关系的能力、解决问题的能力得到巨大的提升。他们感受到了自己的进步,自我价值的实现,团队认识水平也在不断提高,意识开始觉醒。

廖素良阿姨是院落23栋的居民,2018年4月12日,她走进"暖心故事坊"诉说自己最大的烦恼。她家房子边上开了一家20多年的麻将馆,从下午打到晚上11点多,声音很大,影响了自己休息,现在因为年纪大了,非常受干扰,要靠吃药才能睡觉,希望志愿者们协助解决。志愿者们仔细倾听了廖阿姨的困扰和诉求,并给廖阿姨做了心理疏导。随后团队对此事进行了集体讨论,由志愿者们上门走访了解,给双方协商和调解,开麻将馆的居民表示晚上使营业嘈杂的声音减少,尽量不干扰邻里休息,在志愿者们多次的倾听和陪伴后,廖阿姨的心情逐渐平复下来,双方的矛盾得以缓解和改善。

"暖心故事坊"不仅是院落居民的需要,同时也是这支队伍心灵的加油站,"手捧初心 相互温暖",每个人的问题,都会得到回应与支持,每个人的情感都会得到呵护与陪伴。作为团队建设与服务的阵地,团队里每个月大大小小的会议在这里召开,事务类讨论和决策也在这里产生,"暖心故事坊"就像一个火炉,无时无刻不在激发大家的服务热情,以场域的能量引导队伍前行的方向。

六 "暖心集休日",创造院落每个月的节庆

为了增进居民之间的情感,促进邻里之间的交流与互动,进一步提升院落的温度,2018年3月开始,团队决定深入居民生活,收集大家喜闻乐见的话题和内容,开展每月一次的院落主题活动,使院落动起来。活动形式不拘一格,分享心得、才艺表演,居民各显其能,畅谈人生,共同体验院落亲如一家的快乐。到2018年9月,85号院的坝坝里已经开展"我身边的好邻居""我的旅游心得""我心中的美食文化""川化记忆""金秋九月话团圆""红歌伴夕阳"等活动,得到了居民的广泛赞誉,越来越多的居民参与活动,从开始的20人发展到现在每场活动有50多人参加。

志愿者团队不仅是每次主题活动的组织者,更是引导者,暖心社区的文化、愿景和理念会随着每次的分享和交流不断传递给更多的居民,居民们在欢快的氛围中逐步形成建设暖心社区的共识。"暖心自己,温暖他人",幸福的感觉就是这样在不断传递。

2018年4月,以"我身边的好邻居"为主题的征集活动正式开始。谁是你心中的好邻居?请分享你身边的好邻居,以团队为核心,大家开始动员居民们收集、发现、推荐自己身边的好邻居,寻找好邻居的交流会也在院落里开展了3次,居民们的热情空前高涨,很多好人好事通过这个征集活动被发

"暖心故事坊"传递幸福

掘,很多明星邻居被大家熟识,经过集体的讨论和整理,团队把 8 名好邻居的事迹做成宣传展板,在院落内长期展示,让更多居民去关注和了解,并以定期收集、更新的方式,不断传递正能量。

青江东路 85 号院本是川化厂的职工家属院,随着川化厂的没落,年轻人外出打工,很多的房子都出租给外来人员,院落内 1/3 以上的人口为外来租住户,这些租住户对小区归属感不强,带来院落的环境、卫生、停车等问题,本院居民对此颇有微词。为了引导租住户的环保意识、责任意识,共同维护院落的秩序,团队挖掘了一个租住户的模范小团队。自从来到院落以来,这帮年轻人坚持打扫楼道卫生、拖楼梯、抹扶手,原有住户放在门口的垃圾,都会被他们及时清理掉,一年多的时间,他们不仅影响了身边邻里的卫生习惯,也改变了常住居民对租住户的偏见。"暖心故事坊"团队通过好邻居活动,对这群模范租住户的行为进行了广泛的宣传和传播,并向社区进行了推荐,这种典型示范效应对外来人员的生活习惯和院落的责任意识产生极大的影响。

七 构建团队动力场域,引领院落暖心氛围的形成

一个团队成长壮大,需要一个持续孕育的场域空间,一个小区的文化和氛围同样影响着居民整体的认知和意识状态。文化需要构建,价值需要倡导,情感关怀志愿者团队经过一年的学习和服务正逐渐发展成熟。从个人自身的成长到团队整体服务能力的提升,从团队集体意识的觉醒到居民意识的提升和行为的转变,经历了一个逐步转化的过程。

每个人都是价值的传递者、行为的示范者。当自身是一个幸福的种子,所到之处会惠及身边的每位居民。团队建立之初,便以行为示范、价值传递

作为每位成员的服务宗旨。以身感召，行不言之教，以暖心文化的价值观和理念创建团队情感关怀的场域，以场域的动力引导团队行动的方向。

"情感关怀志愿者"团队成立时，共有13名成员，设一名队长、两名副队长、三名小组长。2018年9月，团队开始了新的规划，壮大队伍，深入居民生活，以不同功能的小组为服务基地，以服务引导意识，唤醒居民的行动，共同建设暖心家园。截至2019年团队已经发展至27名成员，成立了"暖心陪伴小组""公共事务联络小组""生命故事小组""阳光摄影小组"。团队除了分工、请假、固定的会议制度之外，没有设置明文的条例与规范。我们相信真正的秩序是由人内心自然而生，只要培植适宜成长、发育的土壤与环境，用心呵护，一个团队便会有序成长，这个小区的文化与氛围自然会欣欣向荣。

八 结束语

"暖心故事坊"社区营造的模式，是机构团队在小区实践的第一次摸索和尝试。项目开始之时，大家没有足够的信心，到院落队伍建立之时，很多志愿者还非常迷茫，觉得这样的愿景不敢想象，但非常重要的一点是团队的文化、价值理念非常明确，以团队动力场的构建进行社区营造，以人为本，使每个人都成为真正的受益者，逢山开路，遇水架桥，团队的向心力和战斗能力得到空前的释放，能动性得到极大发挥，每个人都成了主人翁。随着服务的深入，团队的自信心也越来越强，不再对未知的事物怀有恐惧，敢想敢做，团队的认知和视野得到极大的开阔，越来越多的居民认可和接纳我们，团队的能量得以源源不断地注入。而这样的动力源泉来自每个人价值感的实现，身心得到舒展。当内心动力得到激发，每个人都成了行动的主体和责任的主体。而机构人员在引导项目实施的过程中，也在逐渐弱化自己的位置，从主导者变成陪同者，最后使这支自组织独立发挥作用。

我们所理解的社区营造

人是行为的主体，是价值的创造者，人的觉悟与认知的水平决定着其行动的方向和效果。社区居民集体意识的改变和行为的指向将影响社区营造的最终结果。促进居民集体意识的提升和觉醒，引导居民自主、自觉发挥集体的才智与创造性所带来的合力会实现社区真正的自我发展，当社区居民的主体责任感产生后，由于意识觉悟不够、认知不足导致的各种社区问题自然就会消失。人的培育与转变是社区营造的核心与主旨。激发居民的内生动力，提高其觉悟水平，唤醒居民的行动力是社区营造永续的根本之道。

社区故事写作者：王克英，成都太阳花社会工作服务中心副主任、中级社工师、三级心理咨询师。

案例供稿机构：成都太阳花社会工作服务中心，是一家致力于解决个人成长和社会发展过程中人们所产生的心理问题，提供专业的服务和援助的社会组织。机构采用社会心理情感关怀技术与社工专业手法，通过专题研究、培训服务和社区综合心理辅导服务，促进人心灵的和谐及人际和谐。太阳花以提高居民的幸福力、生命幸福感为使命，在社区以"暖心故事坊"为社区公益心理服务品牌，通过"暖心故事坊"社区治理模式、"暖心故事坊"婚姻家庭服务模式，服务于社区居民日常生活，推动社区居民幸福力的提升，让人们重新找回自己的价值，使家庭幸福、社区和谐。

"种子小组"走出一条单位破产改制院落治理路

——成都市新都区新军街社区(原)

◎ 引语

"我们都是凡人,就像路边的小草,随处生根,随处发芽,共同的爱心把我们汇聚成世界上最大的绿!"这已成为新军街社造人共同的信念。

◎ 案例概述

新军街社区[①]是1998年成立的城市社区,地处城乡接合部,近邻新都货运火车站,辖区居民院落多为破产改制企业职工院落,院落陈旧、破败,基础设施差,居住人员复杂,环境治安问题突出。2019年12月,新军街社区并入西北社区,隶属于桂湖街道。如今,这里结合社区特色与文化创意,在社区搭建营造平台,社会组织提供专业支持培力,社区居民人人参与下,通过培育社区各类功能型自组织队伍,成功从破败社区,蜕变为出入相友、疾病相扶、邻里相亲的一个有温度、有人情味的社区,并成为社区营造的优秀示范社区。为了社区的明天更美好,社区居民正用自己的智慧积极行动着,

---

① 2019年12月,新军街社区与西北社区合并,统称西北社区,本文为表现2019年以前的情况,因此沿用"新军街社区"。

犹如一粒小小的种子正在新军街社区生根发芽。

一 初识社区，从志愿服务开始

新军街社区地处城乡接合部，近邻新都货运火车站，曾经各类货运部随处可见，货运车辆昼夜不息；玖源化工、新都水泥厂等标志性企业也坐落在该社区。随着城市化进程推进，产业转型升级，企业或是搬迁，或是破产改制，年轻人也随之外迁或搬离，各类单位家属区也逐渐成为老年人居住和外来人员租住型小区。

随着近年来城市化发展，新军街社区也由曾经的繁华转向老旧破败，"晴天一身灰，雨天一身泥。"这句话成了社区相当长一段时间的真实写照。2014年，为了有效解决社区环境问题，新军街社区"两委"引进成都市新都区小草公益服务中心，从居民最为关心的社区环境问题为切入点，开始开展与社区环境相关的志愿服务项目，由此拉开了新军街社区探索社区发展治理的序幕。

2014~2016年，我们联合社区开展了三期"废品换鲜花"环境微治理项目。首期为动员居民用日常生活垃圾以重量为单位换取鲜花，吸引社区居民关注社区环境；第二期吸引了更多的院落居民参加到项目中来，从以重量为标准换取鲜花转变为以垃圾的种类及重要性来换取，引导居民认识垃圾的类型，也从活动中聚起了一批关注社区环境的居民；第三期从单纯的废品换鲜花升级到现场垃圾分类培训、现场垃圾归类换取鲜花，让"废品换鲜花"变成了载体，让社区居民从项目活动中认识垃圾分类，更重要的是搭建了社区营造的平台，因活动而凝聚起了一批愿意参与社区营造的院落及居民代表。

二 入驻社区，从社区需求分析做起

经过前三年志愿服务微项目实施，我们对新军街社区及社区居民有了一定的了解。2016年，成都市城乡社区可持续总体营造行动实施，我们联合社区成功申报"聚益新军"社区营造项目落地新军，并于2016年10月正式入驻社区。

从不定期的志愿服务到长期驻扎社区开展志愿服务，一切都需要重新开始。新军街社区对于我们来说一切都还是陌生的，社区及居民对我们也是陌生的，怎么融入社区居民的生活中，在生活中找到社区及居民的实际需求，是我们首先要做的工作。

"你们光是走路，一天都走不完社区。"这是社区主任对社工说的第一句话。由此开始了为期3个多月的社区调查，从深入社区进行深度访谈，倾听居民的心声，到了解社区"两委"的需求，绘制社区资源地图，社工收集到了最基层的声音，对整个社区的基本信息进行了收集和整理。

（一）社区面临的困难

1. 辖区面积大、诉求多元，影响社区发展治理整体水平

辖区面积2平方公里，50个居民院落，难以统一议事、形成共识。各小区产权物业管理形式不一样，居民自治能力和人员结构不均，"一刀切"的工作方法已经不适应社区发展需要。

2. 居民组织化程度低，影响社区自我服务能力

社区原有的单位组织管理能力不断弱化，以政府治理为主导，社会协同多元参与的社区发展治理模式尚未成长起来，居民自组织、自服务、自管理、自发展、自监督能力有待提高。比如木材公司、马家粮站单位院落，过去物业管理、门卫人员都是由单位负责，如今需要院落居民个人承担等。

3. 居民参与社区自治意识薄弱，难以发挥社区居民的主体作用

社区外来人口增加、院落邻里之间关系疏远，加之诉求多元、意见难统一、居民内部缺乏自治意识也无能力自治，更无从谈起发挥居民的主体作用。

4. 治理主体单一，无法有效形成多元主体协力治理的格局

社区"两委"仍然是社区治理的主要参与者、实施者，引进枢纽型社会组织、动员辖区企事业单位、居民参与社区治理事务尚未形成。

（二）社区居民的诉求

1. 院落老旧，基础设施破旧，希望可以完成老旧院落改造，增添基础的娱乐设施，打造公共活动空间，提升居住环境。

2. 外来人员多，结构复杂，社区治安需要更加关注。

3. 邻里互动活动不足。在走访调查中发现，居民希望节假日社区可以多开展文娱类活动，安全知识，老年人健康方面的讲座培训。

（三）社会组织面临的挑战

1. 初入社区，如何与社区"两委"、社区居民建立良好的互动关系，是我们的首要工作。

2. 通过什么样的方法，让更多的社区居民更容易认识我们，了解我们，认可我们，是我们必须要思考的。

3. 在众多的社区居民中发掘骨干成员，并协助其成立队伍，如何培力其成为社区营造的核心，也需要统筹规划。

三 居民骨干郭传华，社区营造的同行者

随着新都小草公益社造项目团队正式入驻新军街社区，在开展前期社区需求调查的同时，"聚益新军社区剧场"主题活动不定期地在社区各院落开展，这个阶段吸引了许多社区居民走出家门，也因为在自家院落开展活动，院落居民们自发协助活动开展，并组织其他社区居民前来参加。

在这一过程中，"聚益新军社区剧场"聚集了社区的手工花制作能人、柔力球爱好者、声乐队伍、活动主持人、手工牛轧糖制作人等社区能人。社工们将社造的愿景不断分享给社区居民们，让他们对社造愿景充满了期待。

新新街一巷30号院一位喜欢栽花种草的居民郭传华，成为第一个"吃螃蟹"的人，现今大家亲切称呼他为"郭大哥"。30号院落是原木材公司宿舍，住户36户，原单位职工28户，外来人员12户，郭大哥为原木材公司财务人员，因为单位破产改制，下岗回家，特别喜欢花草种植，也有非常强的动手能力。利用空闲时间，郭大哥就将家里种的花草，拿到院子里面美化院落环境。同时，郭大哥也是院委会的成员，社工发现了郭大哥的这一特长后，多次与他商讨，确立了一个发动更多院落居民参与院落美化的方法，由此以郭大哥为组长的"种植小组"应运而生。

种植小组成立之后，已从自家院落种植服务，发展为将花草种植到社区各个院落。也完成了从"种植小组"到"种子小组"的蜕变。从最初的花草种植单一服务，发展成集有机堆肥、苗圃培育、院落空间功能分区、种植技术培训等为一体的服务队伍。团队成员由最初的郭大哥、马文礼发展到10余名骨干成员。

为提升自组织带头人社区营造的理论水平，小草公益就将"新军剧场"变成了社造大讲堂，定期开设主题教育，将诸如院落治安、院落空间改造等

公共议题搬上了大讲堂。同时，小草社工组织成立了学习小组，带领自组织成员学习社区营造相关知识和案例。社工整理社造专家教材，让自组织成员分别研学；把国内外很多典型社造案例的录音放给自组织听；请来清华大学孙瑜老师等社造大咖与自组织进行面对面座谈……

通过学习行动，大家对社区营造有了系统的了解，对自己在社区营造中的角色有了准确定位。

面对其他人的疑惑："我们直接去市场把花花草草买来摆放到院子里面，不也一样吗？"郭大哥常给大家分享："种的花草可以从市场买到，但是种子小组的精神、种子小组的人才是真正值得大家学习的，种子小组成员的意识培育才是值得大家分享的。"这让我们更加憧憬种子小组的未来。

四 种子小组，从"种植"到"种子"的成长历程

回顾种子小组的发展历程，经历了以下几个阶段。

（一）关系建立——萌芽阶段

30号院落在老旧院落改造前院落地面坑洼不平、杂物随处可见，环境卫生有待改善，老旧院落改造后，居民也意识到院落硬件设施提档升级了，希望院落有一个更好的生活空间。2014～2016年三届"废品换鲜花"社区志愿服务项目开展，与社区居民间的相互认识，到2016年成都市社造行动"聚益新军"社造项目的落地实施，前后三年的铺垫工作，让居民与我们之间有了一定的联系，拉近了社区、社区居民与我们社造团队的距离，让彼此间有了共同的社造话题，种子小组的出现，正是在回应居民对院落美好生活的期待。

（二）寻能人定核心——动员成立阶段

社造团队在项目实施初期，将活动场地设在社区的各大院子里面，开展一系列的"聚益新军剧场"服务活动，通过活动开展我们聚集了一群关心社区活动的居民，以60～80岁老年人居多。在以手工、音乐、舞蹈、垃圾分类等不同主题的剧场活动中，我们找到了一群社区的能人，郭传华大哥就是在垃圾分类主题剧场活动中，作为栽花种草的爱好者出现的。

据郭大哥回忆：第一次参加社工组织的"废品换鲜花"活动时，觉得我们就是搞一次活动，反正将家中的废品换些鲜花回去也不亏，就来参加了。第二届的时候，就将他们院子的居民们叫上，一起来换鲜花，心想回去之后也可以放院子里面美化环境。前两届的花换回去之后，没过多久自己的花好好的，其他大部分居民的花枯死了。在第三届的时候，他就想到居民可以把花都拿出来放院子里面，他教大家养，成活之后再放回各自家里去。郭大哥有这样的想法，也是这么做的，为此，院落居民对他都非常的信服。

在院落里面培育种植花草，需要很多时间与精力，郭大哥一个人显得心有余而力不足，也不可持续，其他居民往往是观望的态度。如何让更多院落居民在郭大哥的带领下一起来种花草，是我们需要好好思考的。

（三）微活动造队伍——生存阶段

30号院作为单位破产改制院落，原单位同事间都比较了解，关系也比较融洽，关于院落事务，郭大哥都会和老同事马文礼商量。2017年初，我们希望更加直观地让院落居民看到环境改变，从而激发他们参与社造的兴趣，由此30号院门外的小径增绿活动提上了日程，以郭大哥和马文礼为核心的居民志愿增绿队伍"种植小组"正式成立。

"种子小组"走出一条单位破产改制院落治理路

种植小组主要任务就是为院门外的小径增绿，进行空间营造。其间社工与种植小组商讨了多种方案，也尝试在墙壁上挂上废弃矿泉水瓶种小草，最终种植小组提出，将30号院现有的4种鲜花画到墙上去，再给这条小径取名为"睦邻花径"，意为这是一条通往和睦邻里、花园院落的道路。这一增绿活动的实施，让院落居民更加直观地看到院落空间的改变，也激起了他们参与种植小组的兴趣。

种植小组完成这次活动后，开始转向30号院内的环境布置，但是社区没有资金支持活动的开展，因此社造团队应用"聚益新军"社造项目资金。前期在资助种植小组开展院落美化活动的同时，社造团队商讨如何在没有资金支持的情况下搞活动。"共享"成为种植小组目前没有资金支持的解决方案。种植小组到院落各居民家中动员他们将自家的花草移到院子里集中管理，集中培育；也动员居民收集不同的花盆，进行花草移植培育。2017年，院落已是处处鲜花，各式各样的花草满院。在近一年的时间里，种植小组从一群自发参与增绿活动的居民，发展成为定期开展院落美化的稳定团队，也选出了组长郭大哥，副组长马文礼，组员七名，门卫也发展成种植小组的志愿者。

（四）微创投育组织——成长阶段

种植小组在30号院的工作，获得社区"两委"与社区居民的肯定，2017年初社区公服资金项目申报开始，社工协助种植小组起草"睦邻花院"微创投项目，申报社区的公服资金。

在项目申报时，郭大哥告诉我们："我们搞不懂什么是社区营造、什么是自组织队伍孵化培育，我们通过上网查询，总结了一下，社区营造就是把我们院子里面的居民动员起来，和社区、社会组织等一起来把我们的院子搞好，让我们的院子住起来放心，开心，环境优美，大家互帮互助。"最终种植小组申请到八千元微创投资金开展院落美化。但是项目资金申请下来后，钱怎么花，用到什么地方，谁来管钱，谁来负责活动开展，都成为种植小组必须面对的问题。这个时候，我们社造团队结合2017年的市级社造项目，与种植小组在30号院开展院落功能分区，分别设立了：居民坝坝会议区、观赏花院（东、西区）、有机堆肥区、苗圃区等。有了居民坝坝会议区，一张桌子、一杯热茶、一个话筒，居民们开始讨论制定种植小组的人员分工、开展活动的内容、院落公约等，大家商议后达成共识，这一期的项目资金用于花盆更新、种植工具添购、种苗移栽等方面。

项目实施过程中，我们社工主要与种植小组及社区"两委"进行沟通，协助种植小组开展活动，进行财务管理等。经过一年的项目实施，种植小组内部管理制度基本形成，学会活动开展流程、财务管理及宣传解说等。院落花盆更新完成，各个功能区进行了合理应用，社工在微创投项目中陪伴种植小组的初期成长，同时也让社区居民看到社区营造成效，社区转变固有的思维，为社区自组织队伍匹配资金助力开展社区营造。

（五）从种植到种子——发展阶段

2017年完成首期微创投后，社造团队开始协助种植小组思考在服务好30号院的同时，是否可以为社区更多的院落服务。

一场关于种植小组定位与发展规划的大讨论在坝坝会议区进行着，种植小组也正式更名为"种子小组"，寓意要像种子一样，在社区各个院落生根发芽，带领社区其他院落一起开展院落治理，服务内容也开始从单一院落增绿美化，发展到苗圃培育、居民种植培训、空间规划、有机堆肥、废物再利用等。

30号院因为种子小组的出现，院落环境优美，常年都是鲜花盛开。苗圃区的花苗不仅为本院培育，更多的是为社区其他院落准备，定期的种植培训由种子小组成员组织开展，为前来参访人员进行社区营造分享，院落活动开展常态化，真正做到了邻里相亲，出入相友，疾病相扶，是一个有温度的院落。

2017年，种子小组项目被成都市精神文明办公室评为优秀志愿服务项目（全市一等奖），并给予30号院落3万元奖励资金用于种子小组项目。院落居民提出的廉洁过春节活动，受到中纪委官网报道。这是对种子小组成效最好的肯定，也激发了社区居民参与社区营造的热情，在越来越多的居民心里埋下了社造的种子。

五 结束语：相信"种子"的力量

在种子小组的带动下，原新军街283号院落是新都师范学校教职工宿舍，居民骨干高成芳坐不住了，她说："作为一名党员，退休了也该干点啥。"于是经过与社区和小草公益服务中心多次沟通，用自己的特长成立"高孃手工坊"。在2017年联合小草公益社造团队申请街道公益创投项目"师社联动"，凝聚社区有共同爱好的居民积极参与院落治理活动。

白孃是宝光大道中段626号院落居民，她和丈夫赵叔热心公益，无私资助社区里的困难居民。赵社工及时链接四川电视台的资源，报道了白孃夫妇的事迹。白孃的信心得到了极大的增强。在社工的建议下，她创办了白孃互助公社，教社区里的退休阿姨、全职妈妈学习她自创的"手工牛轧糖""香辣酱""手工糕点""手工工艺品"，并在朋友圈售卖，深受居民朋友喜爱。形成自己的品牌后，更多的社区、乡镇甚至区县都邀请她去授课。授课中她经常提到:"我要把我的手艺传给居民,一个人吃到甜,不算甜,我要让更多的人吃到,包括糖尿病人、高血压病人都能吃……"这是一个共产党员的情怀,在党员们的带动下新新街二巷48号、一巷84号、一巷75号、如意大道349号等院落积极参与治理,基本实现社区居民自治的格局。新新街66号院落居民朱师傅自垫上万元费用改造破损的管网等。

种子小组的精神不断在社区传递,影响着越来越多的居民参与到社区营造中。高孃手工坊、白孃互助公社、柔力球队、孙老师书法小组、高老师声乐小组,越来越多的自组织队伍相继成立,居民的参与意识得到充分调动;同时,在这一过程中我们看到了社区"两委"意识的转变,从最初的观望,不理解我们为什么不是每天开展活动,总是陪居民聊天,拉家长,到如今和我们一起探讨社区如何发展,动员更多的居民开展社区营造。

我们所理解的社区营造

经过近几年的社造实践,我们也在探索关于单位破产改制老旧院落社区的社区营造方法。不同的社区背景、不同的社区文化、不同的社区居民、不同的社区位置、不同的社造参与者,决定着社区营造的方式方法多种多样,但唯一相同的是社区人的动员和参与。

社区"两委"对于社区营造的认识程度,思维的转变,关乎社区营造是否可以有序顺畅的推进。2016年、2017年、2018年连续三年,新军街社区书记、主任与社造团队全程参与成都市社造项目的申报、答辩、实施、行业交流;他们从最初不明白什么是社区营造,到今天可以在全区255个村社区主任培训中分享社区营造案例,讲解社区开展社造的心得体会。

感受社区居民对社区营造的理解,也是我们社造团队必须要做的功

"种子小组"走出一条单位破产改制院落治理路

课。社区居民是我们开展社区营造的核心，他们对美好社区生活的向往，将是开展社区营造的力量之源，有了社区居民的参与，社区营造将变得更加有温度。

我们的社造团队，在社区营造实践中，更多的是陪伴社区"两委"、社区居民一起来开展社区营造活动。通过项目化的运作，协助积极参与社区营造的社区居民，有组织、有规范、有条理地开展社造活动；孵化培育社区自组织队伍，使其可以自组织、自管理、自发展，像种子一样，在社区生根，在社区发芽，在社区成长，最终成长为参天大树。

社区故事写作者： 彭仕科，社会工作师，小草公益服务中心项目主任，主要开展项目孵化、培育社区自组织队伍研究。赵红艳，毕业于西南石油大学社会工作专业，"聚益新军"社区总体营造项目负责人。

案例供稿机构： 成都市新都区小草公益服务中心是一家由草根组织新都义工转型的社工机构，秉承"用生命影响生命，用真情触动真情"的理念，凝聚了一大批具有爱心、善心、公益心的社会各界人士。拥有专业社工督导、专职社工、专职工作人员三十五人以及八百余名稳定的新都本土义工队伍。机构扎根社区，致力于社区社会工作。2016年，在新都区民政局机关党委的指导下，成立了党支部，以党建引领机构发展，形成"社会组织凝聚＋社工带动＋义工加油"的服务模式。

开创"专委+社团"模式破解社区物管难题

——成都市成华区跳蹬河街道锦绣社区

◎ 引语

我真切地体会到"民心可用"这四个字的含义,也真切地看到党员、群众、驻区单位被发动起来后所产生的能量。

——跳蹬河街道锦绣社区党委书记陈芬

◎ 案例概述

锦绣社区坐落于成都市成华区跳蹬河街道范围内,面积0.7平方公里,人口2万,有以九龙仓御园为代表的高层楼宇商业楼盘4个,以锦绣东方为代表的成都市惠民工程安置小区2个,以杉板桥路70号为代表的老旧院落(陆续拆迁中)等,其中物管院落居民数占辖区人口比例为95%。随着城市居民的生活越来越好,在"住"这一民生问题上,如今居民需求已由原来"够不够住"在向"品质够不够好"的矛盾上急剧转变,业主、业委会、物业公司、开发单位之间的协作发展、分歧沟通、监督管理等问题随之成倍增长,并已成为一个具有普遍性的社会问题,这一问题同样在锦绣社区呈现。

开创"专委+社团"模式破解社区物管难题

2017年5月，一场业主与物业公司、开发商之间矛盾引发的群体事件，将锦绣社区近年越来越突出的环境和物业管理问题凸显到极致，物管院落众多的锦绣社区正面临着环境和物业管理领域的痛点亟待修复的局面；2018年1月17日，成都市成华区首个"环境和物业管理委员会"在锦绣社区正式挂牌成立，锦绣社区成为成华区先行先试社区。然而环境和物业管理委员会是新生事物，没有配置专项资金、专项政策和专项人力，也没有任何过往经验可以借鉴学习。在这样双重困境的"逼迫"下，迫切要求锦绣社区改进思路，对新的社区矛盾拿出切实可行的解决办法。于是，"专委+社团"工作模式在锦绣社区应运而生，社区社工在环物委的框架中孵化培育了居民自己的"党群益心，睦邻管家"社团，广泛动员了辖区内颇有特长的党员、群众和驻区单位参与。他们中有专业律师、物业人士、业委会人士、社会组织、调解能手、退休民警等，为破解锦绣社区环境和物业管理难题探索了一条新路。该社区这一做法曾在2018年受到《华西报》等大型主流媒体关注报道，"党群益心，睦邻管家"社团孵化培育项目在2018年成都市成华区民政和社会组织工作局联合举办的"社区可持续总体营造公益创投大赛"中获得二等奖。

2018年8月，笔者对锦绣社区党委书记陈芬进行了访谈，详细了解到该项目的孵化培育之路。陈芬说："我真切地体会到'民心可用'这四个字的含义，也真切地看到党员、群众、驻区单位被发动起来后所产生的能量。"2018年8~9月，笔者还对参与本项目的社工、社区党员、业主志愿者、业委会志愿者、物业公司志愿者等社造亲历者进行了访谈，大家的共识是：利益共同体协商共治，集体行动才是破解社区难题，实现社区繁荣稳定的更佳途径。时光荏苒，"党群益心，睦邻管家"社团已在锦绣社区的大地上开枝散叶，如今回头看去，这个被"逼"出来的社区营造项目的故事是值得分享给读者的。

一 社区能人

> 发动居民的许多事情最终朝好的方向发展，往往需要一个契机，这种契机被社工把握了，就是我们常说的因势利导。
>
> ——跳蹬河街道锦绣社区党委书记陈芬（访谈）

2017年5月，九龙仓御园小区发生了一场较大规模的群体事件。小区业主们称开发商未与业主协商，单方面制定1000元"天价"月租停车费的规定逼业主接受，并指使旗下物业公司阻拦所有抵制该规定的业主们开车回家和出门，先后引发多次群体事件，直接参与达数百人，涉及人数超过5000人，当时各媒体也报道了这件事。该事件是典型的业主、物业公司、开发商之间站在各自权益立场上产生的重大分歧，三方均认为自己是合法的。从社区开始向上，街道、区房管局、区发改办……越来越多的部门介入到协调工作中，公安派出所则疲于应对经常性的业主车辆被物业公司阻止进门的报警，牵扯了大量人力。此事最终在各部门努力协调下暂时得到平息，但付出的代价是比较大的。不过这也是后来该小区业主们开始第二次寻求成立业主委员会的导火索之一，多数业主认为一年前小区第一次筹备业委会因某种阻力而"流产"了，当时就寒了不少热心业主的心，但现在看来，若没有一个自己的法定组织，很难跟开发商和物业公司实现平等对话，也阻碍小区品质的提升。

当跳蹬河街道锦绣社区收到九龙仓御园小区业主们希望成立首届业委会的联合申请后，为了尊重多数业主的共同意愿，锦绣社区"两委"便在跳蹬河街道的带领下积极介入协助。当时社区恰好在推进环境和物业管理委员会工作，于是，协助小区业主筹备九龙仓御园首届业主大会成为社区环

开创"专委+社团"模式破解社区物管难题

物委面临的第一项任务，也是第一次考验。社工介入后，该小区的首届业主大会筹备工作得以有序推进，这时出现了一个比较积极的现象，在该小区成立业委会这一过程中，一些业主骨干开始涌现出来，引起了锦绣社区社工们的注意。

年过花甲的江世元是九龙仓御园小区一位热心的业主，退休后他有更多的时间去关注小区事务。看着广大业主与物业公司、开发商之间越来越深的隔阂，心里很是不安。九龙仓御园本是一个品质相对较高的楼盘，但业主与物业公司若长期不和，甚至个别业主采取不缴纳物业费的方式和物业公司对抗，必然会导致小区品质下降，受害最深的是业主自己。可自己孤掌难鸣，怎么办呢？江大爷把困惑向社区讲。

此时，另一位九龙仓御园的业主马瑞成也进入锦绣社区社工的眼帘。马瑞成是一位律师，民主党派人士，同时是一个社会组织的领导人，看着自己居住的小区乱了心里也很着急。随着九龙仓御园业主要求成立业主委员会的呼声越来越高，马瑞成志愿为业委会筹备组提供了法律服务，后来又为筹备组制订"三个文本"提供了专业意见。当锦绣社区的社工找到他交流时，马瑞成说，物业公司有误解，担心小区成立了业委会后公司会被炒，其实只要与业主及时互动，服务效果好，业主自然会选择他们公司，投票结果不是靠某一个或几个业主左右的，作为一家大型港企旗下的公司，他们应该有这样的自信。一个小区成立业委会的目的不是为了炒物管，而是为了使业主与物管之间的合作与监督机制更加完善有效。

封伟，一位颇有文化特质的青年人，他也是九龙仓御园小区的业主，他亲眼见证了一年多前该小区业主第一次筹备业委会的"滑铁卢"。封伟爱这个小区，面对自己小区越来越多的问题，他感到硬件品质在成华区排前10名的一个小区，如果就这样散了人心不仅可惜也令人痛心。"这一次，御园再也经不起失败了。"封伟说,"热心业主们不计个人得失,付出了这么多心血,若再失败,将来再不可能有人愿意出来承头筹建业主委员会。我们这个小区的命脉将长期掌握在别人手里,而不是业主自己。"

随着社工的持续引导协助,九龙仓御园小区越来越多的业主志愿者加入到筹备首届业主大会工作中,该小区陆续涌现了秦先凤、徐代荣、稼骏、蒋松林等一批业主骨干,他们以楼栋为单位,自发成立了各楼栋的业主微信群,甚至自发推选了楼栋长。这种现象既让锦绣社区的社工们始料不及,也暗暗感到惊喜,始料不及的是该小区居民自治意识的萌芽形成这般迅速、这般旺盛,惊喜的是因势利导地为整个社区孵化培育一个环境和物业管理领域的社团的条件正在逐步成熟,一旦将这些社区能人有效地组织起来成立社团去开展工作,所起的作用绝不止于1+1=2。"业主在小区里比社区干部有着更广泛的人脉,而且更容易被别的业主视为利益共同方,因此由社团的志愿者骨干去开展工作,往往比社区干部更容易被居民接受。都是邻居嘛,抬头不见低头见的。"锦绣社区党委书记陈芬这样说。或许,这既是破解锦绣社区环境和物业管理难题的途径之一,也是刚刚挂牌成立的锦绣社区环物委摆脱困境的途径之一。

当契机出现的时候,社工们非常珍惜。2018年1月,锦绣社区的社工联络了江世元、马瑞成、秦先凤、徐代荣、稼骏、封伟、蒋松林等业主,同时还联络了其他小区的党支部党员骨干以及志愿者骨干,如锦绣东方小区、海棠名居小区。各小区其实都有着各种环境和物业管理方面的难题、经验和教训,大家聚起来后,正好互相交流、取长补短,他们不仅操办九龙仓御园首届业主大会的筹备事宜,还放长眼光探讨业委会在社区的环境和物业管理领域中扮演的角色。可以说,"党群益心,睦邻管家"社团的雏形,就是从这个时候开始一步步塑造出来的。

二 组织的构建和扩大——益起来

> 链接可以链接到的资源，对由易到难排位靠后的院落问题，采取自己能做到的方式去行动，让社区多数居民受益，这，就是社团可以做的事。
> ——跳蹬河街道锦绣社区委员助理社工师张冬梅（访谈）

（一）社团雏形

经过几次休闲茶话会后，各个小区的能人们相互熟悉起来，大家的话匣子就打开了。

锦绣东方小区的党员骨干李德凤说："我们小区的物业公司跟业主之间也存在着许多互相不理解和不信任的问题，部分业主对现在物业公司管理的小区环境不满意，有的业主干脆不缴纳物业费。"另一位党员骨干余国书说："目前锦绣东方正面临着物业合同到期需要公开招标新聘或续聘物业公司，但是业主们出于各自的立场，意见分歧很大，不仅业主之间互相攻击，还把矛头指向业委会。"律师马瑞成说："我觉得，只有解决好业主与业主、业主与业委会、业主与物业公司之间的相互理解沟通问题，小区才会走上良性发展的路。"大家听了十分赞同，江世元指着社区的社工张冬梅说："那天小张就在跟我说，我们这么多人完全可以好好组织起来嘛。""嗯，就是，我们小区业主跟物业公司相互对立，现在如果能有中间人出来缓解一下也好。"封伟说。也有人说："我们小区开发商太强势，旗下的物业公司根本就是为开发商服务，而不为多数业主利益考虑。""赞成、赞成。"就这样，大家七嘴八舌讨论后达成了要组织起来的共识。社工张冬梅见气氛热烈，不失时机地说："大家干脆先一起来为组织起个名字好不好？"一时间"院落诊疗团""小区大管家"……又是一阵热烈的讨论。

名字最终还真讨论出来了,大家一致认为"党群益心,睦邻管家"这个名字最好。原因有三,第一,锦绣社区是以"睦邻锦绣"为社区品牌,成立睦邻管家这个组织的主要目的也是促进环境品质提升以及业主、物业邻里和睦;第二,常说社区就像一个家,格局不妨再大一点,这个家不仅包括院落,而且现在街区的环境也都纳入了社区发展治理,所以"睦邻管家"是一个广义的管家,包括院落和街区整体;第三,"党群益心"既是"党群一心"的谐音,又能凸显组织的党群互动及公益宗旨。

就这样,刚刚成立的锦绣社区环物委正在为没有执行人手而一筹莫展的时候,3名院落中的党员骨干、1名民主党派人士以及4名来自不同小区的业主骨干组成了"党群益心,睦邻管家"社团最初的核心团队。他们加入的主要动机,有的是出于老党员的党性;有的是感觉"业主被物业公司欺负";有的是希望小区及周边环境好,自己的房子增值更快;当然,也有的是出于社会精英的社会责任感。不过他们还有一个共同点,就是都希望帮着社区让整个社区的环境和物业管理有所发展,自己住着才舒心。"但是刚开始,居民志愿者意识里确实认为只是在帮社区做事,主动性还比较欠缺,经过后来的培训和实践、互动增能,这样的观念在逐渐转变。"社工张冬梅说。

(二)可以做什么

问题发现了,队伍开张了,接下来社团如何发展,做什么?

"社团做什么"这一点被确认,首先是从"我能做什么"开始被逐步确认的,这个过程来自2018年初的一次社团议事技术培训。在这次培训中,社工们有意将"院落环境和物业管理有哪些问题""造成这些问题的原因""我能做什么"三个议题抛给居民们,让他们通过自己的身边事更直观地学习科学的议事方法。

果然，在那次培训中，居民志愿者们不仅列出了院落问题清单，找到原因同时对缓解这些问题的难易度进行了排序，更重要的是明确了在现有条件下每个人可以发挥自己的特长做什么事。居民志愿者们互不干扰，把"自己能做什么"用简单的几个字写出来贴在小黑板上。"人头熟，可带人来""提供法律服务""组织党员和居民""调解纠纷""能拉赞助来""时间充裕，可跑腿"……

一时间各种内容的条子贴出来，社工开展专业议事技术培训和协商社区问题的双重目的都达到了，也向志愿者们进行了意识上的灌输，那就是院落和街区的问题不是单一的，而是环环相扣，不能将眼光只盯在微观上，面向整个社区的公益才是社团的价值取向。

"链接可以链接到的资源，对由易到难排序后的院落问题，采取自己能做到的方式去行动，让社区多数居民受益，这，就是社团可以做的事。"

（三）他们做了哪些事

初生的"党群益心，睦邻管家"社团亟待社工培育，锦绣社区的社工们根据居民的需求、志愿者们的特长、社区的优势，为"党群益心，睦邻管家"社团的2018年成长之路策划了四大版块活动：1.睦邻关系·物业邻里联谊；2.党群阵地·公共空间打造；3.环物服务·公共事务参与；4.社团成长·赋权增能培育。既是通过意识转变、增能赋权、实践操作等方式，让社团成员通过实践增强认同感并成熟起来，也是让志愿者们通过实践熟悉和学习社工们对社团的运作方法，增强他们的专业能力，并从这些能人中逐步挖掘发现社团"领袖"，为将来社工可以逐步退出做好准备。

2018年1月，"党群益心，睦邻管家"社团由社区社工协助，在锦绣东方二期开展了第一次大型活动——"汤圆暖邻里，春联送深情"区域化共驻共建联谊。活动链接了青山物业公司的资源，物业公司的党员志愿者在现场备好锅灶，与业主们一起包汤圆煮汤圆，热气腾腾的汤圆虽小，却温暖着大家的心。社团还链接了社区"梦之歌"文艺队的资源，为业主们提供了精彩的节目，书法家为业主们书写春联……

这次活动不仅为业主与业主、业主与物业公司之间搭建起了增进感情的平台，促进了他们的友好互动，同时社团的志愿者人数得以增加，尤其是物业公司的志愿者开始加入社团中来。社团志愿者们不仅开展促进邻里融合的联谊活动，还参与预防和调解物业纠纷的社区公共事务，使社区的多元化调解力量得以增强。

2018年2月，九龙仓御园业主与物业保安发生肢体冲突，事后演变为一起物业纠纷，涉案金额超过5万元。社区人调委工作人员介入后业主不买账，认为社区工作人员与物业公司平时合作多、关系好，肯定会偏袒物业公司。于是社团的江世元和律师马瑞成一起，出面联系了社区民间调解组织"我来说法"评理团的资源共同对业主与物业公司当事双方开展工作。江世元、马瑞成以同是御园业主的身份拉近了与当事业主的关系，坚持公平公正，最终促使当事业主和物业公司达成了和解协议。这件物业纠纷调解成功，物业公司也很感激江大爷、马律师为他们解决了难题，同时增强了江世元他们的信心，随后，江世元他们又陆续成功调解了御园小区6起物业纠纷，并协助其他小区调解了1件物业纠纷。能够社团调解的就自己和社团志愿者调解，难度大的就找其他友邻小区更有经验的组织和网格员帮忙，实在不行，再请社区"两委"、派出所出面协调。而且每次江大爷他们都把案件的情况用表格形式详细记录下来，当事人双方是谁，纠纷的内容，采取了什么方法调解，调解结果怎样，回访后当事人是否满意。这些表格江大爷

开创"专委+社团"模式破解社区物管难题

自己留一份,另一份交给社区。

锦绣社区党委副书记、跳蹬河派出所警长郑茂林说:"居民的参与不仅让调解成功率提升了,而且实实在在为我们派出所和社区腾出了不少时间和精力。"

协助九龙仓御园小区首届业主大会取得成功,2018年2月24日对九龙仓御园小区的业主来说是一个值得纪念的日子。锦绣社区环物委与小区志愿者们共同努力,排除了重重困难,九龙仓御园首届业主大会成功举行,该小区首届业委会在同一天成立了。江世元得到了多数业主的认可,被选为业委会委员,并担任了副主任一职。在业主大会成功落幕当天,社区党委书记陈芬致辞:"希望业委会能够代表业主与物业公司理顺关系,业委会(业主)与物业公司之间不应是主仆关系,而是'董事长'和'总经理'这样的关系。业委会(业主)与物业公司密切配合,共建共赢,才能经营好小区。"社区居委主任、助理社工师刘小娜致辞说:"业委会作为业主自治组织,代表了小区多数业主的利益,社区环物委将协助御园业委会多与物业公司、友邻小区、驻区单位互通互动、互帮互助,也欢迎更多业主、居民加入'党群益心,睦邻管家'社团,通过多元力量使'业主自治'带动'社区共治',实现'社区善治'。"在后来的日子里,江大爷不仅动员了业委会其他委员加入社团志愿者的行列,而且还在社工的协助下与友邻小区的业委会增强了互动,锦绣东方小区的业委会主任、律师苏银花等就是这样加入社团中来的。自此,"党群益心,睦邻管家"社团有了物业公司的志愿者参与,社团中开始注入了业委会志愿者的元素,社团人数再次提升,达到了12人,党员有6名,同时也使锦绣社区各院落的资源共享、经验互通、环境共建机制得到增强,为后来的社区公共空间打造和环境品质提升工作有序推进埋下了伏笔。

春风化雨，万物复苏。2018年3月12日植树节，"党群益心，睦邻管家"社团在社工协助下，苏银花动员了彩生活物业公司、锦绣东方业委会；李德凤、余国书动员了党员义工队、业主志愿者，共同在锦绣东方小区开展了"我为小区添绿"义务植树活动。大家挥锹培土、栽种新苗，用实际行动给家园添绿意，用辛勤汗水浇灌春天的希望，在社区营造起浓浓的环保氛围。一次小小的环保行动，丰富了业主家庭、业委会、物业公司协作共建的平台。在劳动中，家庭凝聚力更强了，业主间更熟悉了，物业公司和业主之间的互动多了后，也让居民们渐渐感到物业公司是"自己人"。在这次活动后，又一个小区的物业公司志愿者加入"党群益心，睦邻管家"社团来，人数扩大到15人，并且社团在小区里已小有名气。

保护环境，共建家园，促进物业公司与业主关系融合。在这段时间，为了提升社团成员的专业知识水平，锦绣社区又借助成华区房管局的资源，在2018年3月29日和2018年7月4日对社团、物业公司分别进行了"专项维修基金知识培训""物业管理能力提升培训"。提高了社团成员对政策的掌握，全方位解读业委会职责、业主大会的设立和换届流程、选聘物业服务企业和维修资金的使用等知识，让大家受益匪浅。

前两次活动取得了好的效果，"党群益心，睦邻管家"社团的第三次活动将目光瞄准了九龙仓御园小区。在社团志愿者的推动下，2018年3月30日下午，九龙仓御园小区物业公司邀请了小区业主、业委会负责人、锦绣社区环物委的同志，共同参加了九龙仓御园小区"业主开放日"活动。物业公司将小区的重点机房、设施、设备进行了开放，供业主们参观了解。物业公司的负责人对各个重点区域设施、设备及小区的水、电、气的供给等进行详细的讲解。业主们说，真是不看不知道，以前一直以为物业公司赚钱轻松，原来他们的工作也不容易。本次活动有效促进了九龙仓御园小区物业公司与业主们之间的沟通，增进了彼此的感情，也对业主和物业公司对该小区2017年"天价"停车费群体事件所造成的关系创伤进行了修复。这次活动后，九龙仓御园物业公司的2名党员和1名工作人员也被"党群益心，睦邻管家"社团吸纳进入了组织，社团成员达到了18人。自此，该社团成员中，已有3名物业公司的志愿者参与其中。业主骨干蒋松林开玩笑说："这是啥节奏，每搞一次有物业公司参加的活动，就能'抓'来几个人，团队生意越来越红火哦。"

转眼又到了2018年5月，社团中九龙仓御园的业主志愿者清楚地记得，那场发生在上一年5月，业主和物业公司、开发商对立的群体事件，谁知道今年5月，小区又出事了。2018年5月23日，九龙仓御园小区再次突然停电，这是因地铁施工挖断线路引起的该小区多起停电事件之一，但业主们质疑开发商没有按照合同设置专线和应急线路，有的闹着要去信访，有的说要集体找物业公司理论，一场群体事件即将触发。

"党群益心，睦邻管家"社团随着锦绣社区环物委快速介入后，江世元、封伟、秦先凤等立即组织该小区业主志愿者在各楼栋的业主微信群里第一时间安抚业主们的愤怒情绪，引导业主理性维权。第二天一早，封伟和几个业主志愿者，会同小区业委会代表以及物管公司的专业技术人员前往锦江供电局开展了调查和协调工作，与供电局领导沟通了小区频繁停电事宜，了解到小区线路设施并非开发商违约建设的真实情况，紧接着把调查协调的最新进展和现场照片传回了各楼栋业主群。接下来大家又促成供电局电力监察、社区、业委会、物业及开发商于2018年5月29日在锦绣社区三楼召开协调会，理清责权问题，商讨出了解决方案并通过该小区业委会微信公众号及时进行了发布。这一次，因为有了环物委、社团、业委会、物业公司的快速联动机制，不必要的群体事件和信访事件被消灭于萌芽中，而"党群益心，睦邻管家"社团的志愿者们在业主群里第一时间所起的安抚作用，当记头功。

在社工的协助下，社团的志愿者们也看到了自己的成长，在社区公共事务的参与上也越来越积极主动。2018年6月，锦绣社区深入实施亲民化改造、特色街区打造、公共空间提档工作，"党群益心，睦邻管家"社团不仅成为街区院落环境品质提升喜讯的传播者，而且还成为征集居民意见的参与者。他们在居民中收集打造方案建议，还主动出主意，提出将小区楼栋架空层进行提档升级的建议。在居民们的积极参与下，如今，锦绣东方小区4处，九龙仓御园小区2处楼栋架空层面貌已焕然一新，包括党建长廊在内的6种不同主题的党群服务阵地与居民近距离接触，因地制宜地将各类党群服务阵地有效向院落延伸，实现了环境美化和便民利民。接下来的日子，社区还将按照居民们的意见，陆续打造沙河锦庭小区和九龙仓御园、御公馆小区等多处楼栋架空层，其中有一处阵地主题就是围绕"党群益心，睦邻管家"社团开展环境和物业管理服务打造的。通过公共空间打造方案的参与，志愿者们发现社区有这么多有意义，有趣的事情可以去做，社区的未来是这般让人憧憬，而自己是这个行动体系的参与者和见证者，无不为自己身为锦绣人而感到自豪。大家的认同感和凝聚力得以加强。但他们不知道，社区的社工们在这些日子里其实一直在默默观察志愿者们的变化，也在从他们中间发现和观察潜在"领袖"人物。

转变意识后，居民是社区营造的主体，社区"两委"、社区社工都是居民的协助者、使能者。随着队伍的成长，2018年6月，社工们协助"党群益心，睦邻管家"社团在小区里又"玩了一把大的"。"五月初五逢端午，家家户户挂昌蒲，糯粽唊将赛龙舟……"6月14日上午，社团联合青山物业公司在锦绣东方二期小广场举办了"粽香迎端午，邻里乐游园"包粽子游园

开创"专委+社团"模式破解社区物管难题

活动。值得一提的是,这次活动新增加链接了驻区单位成华区危改办的资源。区危改办的党员志愿者、社区居民志愿者、楼栋长及热心居民200余人参加活动。活动分3个环节,第一环节是欣赏居民自编自排的歌舞和环保情景剧,第二环节是居民参与趣味游园活动,第三环节是居民现场比赛包粽子。活动以趣味游园的形式吸引居民积极参与。"呼啦圈""蒙眼敲锣""坐气球"等趣味游戏,深得居民的喜欢,他们穿梭于各个游戏区中,玩得不亦乐乎。随后,居民们大显身手,大家围在一起,纷纷露出看家本领,捋粽叶、做漏斗状、填糯米、压紧实、封口、扎捆,巧手翻飞,不一会儿工夫,三角形、牛角形、长条形等一只只各式各样的漂亮粽子瞬间成型。活动最后,大家纷纷把包好的粽子送到了辖区困难老人和残疾人的家中,给他们带去温馨的节日祝福。通过这次活动,社工们引导"党群益心,睦邻管家"社团将锦绣社区区域化党建资源的链接扩大了范围,还懂得了社团第一要坚持围绕居民的需求和喜爱设计公益活动,第二要坚持团结一切可以团结的力量共同参与,也为社团学习在将来自己去发掘更多社会力量提供了参照。

半年多的益行,"党群益心,睦邻管家"社团为居民,特别是为业主、业委会和物业公司的融合做了许多实事,在锦绣社区树立了良好的口碑。社团从最初的7个人发展到20人,以"专委+社团"的模式,在社团中建设起了党群融合、居企融合的立体架构;在社区环境和物业管理领域占领了阵地,形成了政社企密切的互动机制;激活了业主志愿者们自身的潜力,激发整个社区更多居民的参与意愿。2018年8月21日,受益业主走进社区党群服务中心,向锦绣社区赠送了一面鲜艳的锦旗,上面写着"尽职尽责,情系业主",这既是业主对社区物委的肯定,也是对"党群益心,睦邻管家"社团的褒扬。通过这件事,更加激发了社团志愿者们的荣誉感、认同感。

三 宗旨认同和建章立制

> 既然来了就要有担当，顶得住压力，我不怕得罪人和流言蜚语，问心无愧就好。
>
> ——跳蹬河街道锦绣社区九龙仓御园小区业主封伟（访谈）

由于"党群益心，睦邻管家"社团所服务的环境和物业管理领域存在一定特殊性，所以注定他们所面对的事物以及社团内部都不会全是风和日丽，岁月静好。2018年初在社团刚刚具有雏形的时候，江世元、马瑞成、封伟等业主志愿者就在社工的协助下确立了社团八字宗旨——守法、担当、团结、公益。守法是社团基础，团队成员不仅自己要守法，接受监督，不谋私利，还要运用法律知识引导其他居民用理性的方式解决问题；担当是社团气质，无论遇到多大困难绝不轻言退缩；团结是社团力量，团队成员不仅自身团结互助，还要团结社区一切可以团结的力量，包括曾经的对立面；公益是社团目的，社团的所有行动必须围绕让多数居民受益。

社团宗旨是这样制定的，他们也的确是遵照宗旨去做的。对此，封伟颇有体会。他说："社团刚建立时便开始协助九龙仓御园小区首届业主大会筹备组开展工作，当时正是筹备工作推进最困难的时候。因为一些原因，小区有个别业主有意或无意地被人利用，有组织地对筹备组成员以及社团志愿者进行干扰甚至中伤。我在业主群里比较活跃，别人注册了N个小号换着上来骂我，哈哈哈。当时那些断章取义造谣的有，罔顾事实去信访的也有，总之就是一个目的，让业主大会开不成，让业委会成立不起来，耽误了筹备工作

开创"专委+社团"模式破解社区物管难题

很多时间。我当时不是筹备组成员，只帮着跑点腿，挨点骂算轻的了，筹备组里能挺过那段日子来的志愿者，内心得有多么强大才行。"现在回想起来，封伟依然感慨万千，他说："既然来了就要有担当，顶得住压力，我不怕得罪人和流言蜚语，问心无愧就好。"不只是封伟，江世元、马瑞成、徐代荣、蒋松林……他们都是这样。不仅有担当，而且有宽广的胸怀，在"党群益心，睦邻管家"社团后来开展的活动中，他们并没有因为2017年时"天价"停车费的群体事件引起的业主与物业公司的不愉快就排斥九龙仓御园物业公司。反而积极促成物业公司参与他们的公益行动，致力于修复业主与物业公司之间那段被伤害过的感情。这就是社团宗旨里那个"大写"的团结。

在社团的成长过程中，也出现过一些问题。例如，志愿者在服务过程中不规范、志愿者持续的积极性、社团的资金来源等问题。其实这些也是锦绣社区的社工们在策划时考虑到的一些项目风险点。针对这些问题，社工们首先引导志愿者们制定公约章程。俗话讲，没有规矩不成方圆，规范化和专业性的输入，正是社工要引导居民学习的。居民社团要想长效发展壮大，一定要摆脱自组织最容易产生的随意性。在社团刚刚成立时，社工张冬梅就向江世元他们征求适时建立团队公约章程的意见，得到志愿者们一致同意。于是大家就开启群智，建立了一套"党群益心，睦邻管家"团队章程。例如，自愿加入，但须具备必要的服务时间、健康允许，有公益心、不以追求报酬为目的；社团成员不得以自己的喜好或成见将被服务者标签化，必须无条件尊重接纳被服务者，并杜绝发生言语冲突；接受锦绣社区"两委"的监督和指导，社团党员要起带头作用，条件成熟时可设立社团党支部；开会时需要每个人具备应有的时间观念，提前5分钟到场，无故迟到或不到3次以上可投票劝退出队；每位成员都要互相尊重、信任，不得对意见不同者进行侮辱攻击；鼓励志趣爱好相近的成员组建小分队开展活动，但开展活动须提前向社团报备，征得领导人同意后才能以社团的名义实施；社团允许成员向社会拉赞助，但是赞助单位或个人必须以公益非营利目的为前提，等等。经过两个月后，锦绣社区深入推进"四社联动"进程，将社会企业正式注入社区可持续总体营造工作。"党群益心，睦邻管家"社团很快对团队章程进行了增补，提出社团应积极与社会企业对接，探索增强造血能力反哺社区公益基金。另外，该社团还与锦绣社区的志愿者公益积分管理制度保持一致，制定了自己的积分激励制度，并将积分运作方式与社区的互联网公益积分管理平台进行整合，资源共享。激励制度写入章程，使包括后来加入团队的每位成员感到自己的劳动得到了肯定，所获得的积分奖励不是物质可以衡量的，而是一份沉甸甸的荣誉。

就这样，社工们通过对社团的增能赋权、实战锻炼以及制度规范输入，使志愿者们感到自己所处的是一支有组织纪律、有长远抱负的团队。特别是志愿者们听社工介绍说，自己家所在的锦绣社区被列为成都市城乡社区发展治理工作示范点位之一，正在按照成都市的部署实施"五大行动"，自己的小区和周边将在近三年发生令人惊喜的变化，他们深深感到未来的舞台还很大很大，自己的才能大有用武之地。在和社工闲聊时，封伟开玩笑说："电影《诺曼底登陆》中有一句台词——'孩子们，你们正处在一个伟大日子的前夜。'我感到我们小区现在也处在一个伟大日子的前夜啊。"他说："这个小区我是要长期住下去的，我希望以后我能自豪地对我的娃娃说出电影里的那句话——'那场伟大的行动，我也有份参与'。"确实是这样的，尽管社工们出于对自组织孵化培育的技术性考虑，"党群益心，睦邻管家"社团至今并未确定谁是"领袖"，但志愿者们的内因已被激发，能人辈出，社团"领袖"的确立必将水到渠成。

四 结束语：他们留下了什么

  实践证明，以人为本的社区营造，已成为地区发展模式中极为有效的手段。社区一旦有了对"人"的塑造基础，也就把握在未来条件下可持续总体营造的主动权。

——跳蹬河街道锦绣社区居委主任助理社工师刘小娜（访谈）

  "党群益心，睦邻管家"社团孵化培育项目以"专委+社团"的模式呈现后，为跳蹬河街道锦绣社区环境和物业管理领域探索了一条崭新的工作思路，并且具备可复制的特点。虽然这是一个刚刚孵化、嗷嗷待哺的公益项目，但由于专业社工协助社区居民积极参与，在不到一年的时间内，已大大扭转了锦绣社区环境和物业管理领域的被动局面，特别是2018年与2017年形成了鲜明的对比。

  跳蹬河街道锦绣社区党委书记陈芬说："这确实是一个被'逼'出来的公益项目，当时我们已没有退路。没有借鉴经验，那就发挥党的先锋榜样作用为我们蹚出经验；没有专项政策，那就围绕着社区发展治理大原则去创新做法；没有专项资金，我们的社工就策划公益项目，去争取政府和社会力量的资金支持；没有专项人力，社区这么多党员、群众就是丰富的人力资源。"锦绣社区居委会主任，助理社工师刘小娜在谈到通过做这个项目的心得时说："实践证明，以人为本的社区营造，已成为地区发展模式中极为有效的手段。社区一旦有了对'人'的塑造基础，也就把握在未来条件下可持续总体营造的主动权。"

  在"党群益心，睦邻管家"社团孵化培育项目中，社工们把握了一个契机，发现了一个群体，通过专业输入，引导了一次成长。社区、社工和社团相辅相成，并以发展的眼光瞄准了接下来社会企业和社区基金的注入。他们以党建为引领，构建锦绣社区党群自治—共治—善治体系，通过自组织去有效整合资源及回应社区需求，参与社区公共事务和公共空间营造；通过搭建展示、培训及服务平台，挖掘和培养社区能人，为锦绣社区发展治理可持续总体营造储备了基层人才，项目设计的所有活动内容都是围绕着对人的塑造和满足服务对象的需求展开，促使社区居民共同行动，形成特色品牌和机制，在志愿者自身成长的同时，达到缓解社区问题的目的；社团形成制度化运作，通过团队公约章程和社区志愿者公益积分激励等机制，逐步走向规范化。为锦绣社区留下了一个充满朝气，可持续发展的居民自组织；留下了一套环境和物业管理领域的邻里互助、党群联动机制以及社企融合、共驻共建机制；留下了一份居民有憧憬、参与有平台、社区有力量的锦绣活力。

"织邻里之锦，绣宜人社区"，时光刹那，满树芳华。

我们所理解的社区营造
——对成都市成华区跳蹬河街道锦绣社区党委书记陈芬访谈节选

2018年8月16日，笔者就跳蹬河街道锦绣社区开创"专委+社团"模式，孵化培育"党群益心，睦邻管家"社团，破解社区环境和物业管理难题这一成都市社区营造的优秀案例，对锦绣社区党委书记陈芬进行了面对面访谈。以下节选部分：

笔者： 锦绣社区是如何看待社区营造这项工作与以往工作的区别的呢？

陈芬： 以往社区"两委"的工作行政化太浓，这些年在逐渐转变，社区"两委""去行政化"要真正实现还有很长一段路要走，但毕竟我们已经迈出了步伐。所以我认为社区营造与我们以往工作最大的区别，就在于社区"两委"职能归位，能有更多的时间、精力和平台去发动党员、群众、单位共同参与对社区人、文、地、产、景的可持续总体营造，而不是被繁琐和不必要的报表、台账、会议、行政录入等工作磨掉他们的灵感和社造锐气。

笔者：陈书记，能请您从个人的经验谈谈目前社区营造有哪些经验与不足吗？

陈芬：我就结合锦绣社区来说吧。我认为目前社区营造最大不足还是专业人才的问题。我不是指专业社会组织，而是指社区本土缺乏优秀的社工人才，社区"两委"一定要有足够比例的优秀社工人才。我是非常支持要"两条腿走路"的，不仅要靠引进专业社会组织对社区增能，而且社区本土的社工人才一定要培养起来、重视起来，不能过度依赖专业社会组织长期替我们做某些工作。事实上，这样的局面还未形成，社区本土社工能力和专业社会组织还有一定差距。

2018年成华区社区公益创投大赛体现得比较明显，由社区自己的社工原创的获奖公益项目数量极少，而入围总决赛的项目基本由专业社工组织。但"党群益心，睦邻管家"社团孵化培育项目是社区自己的社工原创策划并协助居民实施的，获得了二等奖。说明成都市的社区不是没有优秀社工，但据我所知，政府辛辛苦苦培养起来的各社区优秀的本土社工存在流失现象。为什么？首先是繁重的行政工作，他们不能一心一意地在舞台上施展自己的特长；其次是与专业社会组织的待遇差别过大，仅凭情怀来做事肯定不是长久之计。据说今年政府有相关文件提出要提高"两委"待遇，这是个好消息。

为什么一定要"两条腿走路"，要重视本土社工成长，我打个或许不太恰当的比方——铁打的营盘流水的兵。政府长期大量购买专业社会组织服务的资金成本过高。事实上，社区的本土社工有专业社会组织无法比拟的地缘、人缘优势，他们每天生活在这里，对社区了如指掌，而且社区即便是要外包公共服务项目，没有自己优秀的专业社工队伍，连人家项目书的亮点和不足都看不出来，拿什么去评估这些申报的项目好还是不好？所以专业社会组织引进来，我不太赞成那种停留在做活动型服务的，社区能做活动的人太多了，活动搞完就完，你能为社区带来长效的机制、组织和活力吗？专业社会组织其专业性应该更多地体现在引领型服务上，不仅能够把社区原有的草根社团带向专业，而且还能通过活动发掘和培养出社区没能发掘出来的新的能人，这种能力其实才是最考验专业社会组织水平的，将来政府购买服务的合同协议结束了，能够看到社区新的本土力量的觉醒和成长。

笔者：陈书记，您认为社区营造对整个社会的意义又是如何呢？

陈芬：我记得成都市最早提出社区营造是在2015年，当年成华区开展了第一届社区营造公益创投大赛（锦绣社区有两个项目获奖），于是在2016年这些项目在各个社区全面铺开实施，所以业内有专家说2016年为成都市社造元年是有根据的。发展到2018年，政府正式提出了可持续总体营造。

台湾地区用了十几年时间探索的社造之路，成都市用三年多时间走在了全国前列，并取得成果已经很了不起。问题固然会有，但我们应该坚信社区营造这条路是正确的，在新时期的社区发展治理中更起着举足轻重的作用。人民对美好生活的向往，仅靠政府单向的助力是很难做好的，社区营造是被实践证明了的一个重要的、有效的手段。社造对于社会的意义就是激发了最广泛的党员、群众、企业参与，变被动为主动，增强了社会凝聚力，让人民更有幸福感、归属感、获得感，并促进了基层政权稳固。

笔者：感谢陈书记拨冗接受采访。最后，陈书记您能谈谈参与社区营造对您本人的生命历程带来怎样的影响，以及您对社区营造的期待是什么？

陈芬：我是街道的下派干部，到社区担任党委书记之前接触行政性的工作比较多。到了社区之后，特别是近几年基层社区工作对自己的触动是非常大的,我真切地体会到"民心可用"这四个字的含义,也真切地看到党员、群众、驻区单位被发动起来后所产生的能量。随着社区营造工作的推进,我也在不断学习、转变观念以更新提升自己的能力。我曾对我们的社区干部说:"能做好社区工作的,将来无论你在什么单位、什么岗位,都会是佼佼者。"所以我很珍惜这些年在社区工作的日子,将来即使不在社区工作了,这段日子也会让我终身受用,终身怀念。我期待成都市的社区营造能够成为全国典范,并将它的成功经验推广到全国更多地区,让更多老百姓受益。我和锦绣社区的同仁们是成都市社造活动的一员,我将以此为傲。

社区故事写作者:杨朗,男,1972年生于成都,中共党员,遂宁市船山区社会组织联合会理事长。1989年入中国美术学院国画系书法篆刻专业学习,书法家,朗园书道会馆创建人,多篇著述在国内主流媒体发表。2012年起深耕于成都市社区治理领域,2018年协助锦绣社区首创"专委+社团"模式。2020疫情防控一级响应期间,带领遂宁市船山区社会组织联合会应需成立船山区市民应急支援中心,发挥"党建引领,三社联动"社会协同新优势,采用"1464"模式筑牢"4线合1"民间防控堡垒,助力打赢"船山战疫",被《学习强国》等媒体报道。

案例供稿机构:遂宁市船山区社会组织联合会

打造临江记忆,重塑老国企文化

——成都市武侯区临江东路社区

◎ **引语**

　　社区营造,人人参与,共建共享。在社区营造的过程中,一部分人袖手旁观是搞不好的,还是要大家参与才行。

——成都市武侯区望江路街道临江东路社区党委书记赵世明

◎ **案例概述**

　　临江东路社区位于成都市武侯区望江街道辖区,社区单位员工宿舍多,居民对老国企认同度高,但这些老国企文化都是碎片化的存在,没有系统地整理归纳起来,也没有形成社区的文化特色。因此,本案例从老国企碎片文化入手,首先将老国企文化展示出来,引起居民对于社区文化的共情,激发社区居民参与活力。在文化发掘的同时,积极有效发掘社区能人和骨干。通过对自组织的培育,促进其发展,充分发挥社区自组织的能动作用,共同商议参与社区治理。在社区能人和自组织的影响下,带动社区居民参与社区治理,在居民参与社区公共空间打造的过程中,将即将消逝的老国企碎片文化重新凝聚起来,形成社区特色文化。

打造临江记忆，重塑老国企文化 ●●●

一 案例背景

（一）临江东路社区

临江东路社区位于武侯区望江街道辖区，面积0.21平方公里，辖临江东路、江天路、致民路、新南路（东侧部分）、龙江路（北侧部分）、十二北街、十二中街、十五北街、十五中街。有居民院落12个，单位宿舍7个，物业管理小区8个，驻地机关事业单位5个。常住人口3887户，共14306人。临江东路社区作为传统城市社区，其公共空间缺乏；市民学校和社区服务中心硬件条件好，但使用率不高，分布较为分散，不能满足居民对于公共空间的需要。另外，社区自组织需要发掘和培育，院落自治小组和业委会尚不成熟，在居民自治过程中发挥的作用有待提高。

（二）老国企文化

临江东路社区曾是国营成都造纸厂、芙蓉肥皂厂、峨眉交通机械厂、耀华食品厂等老国企的旧址。这些企业或是厂址在此，或是员工宿舍在此。社区里有许多值得记载和回味的故事，社区居民有着在艰苦岁月中历练出来的吃苦耐劳的精神，是一个拥有自己专属文化的社区。1951年成立的成都造纸厂见证了一个又一个员工的生活，在坎坷中自学成才的邬正林；善于民主管理的工会主席田作霖；优秀员工田大万；一生追随造纸事业的屈远鹏；奋战在造纸厂"心脏"——锅炉房岗位上的饶忠俊。临江东路社区除了有给市民提供纸张的造纸厂，还有给生活带来方便的芙蓉肥皂厂。20世纪的成都致民路，以生产肥皂而扬名。肥皂厂的轰鸣声早已和成都人的生活融为一体，其中芙蓉肥皂更是声名显赫，曾多次获奖，成为四川省乃至全国响当当的肥皂品牌。肥皂加工没有太多的技术成分，重要的是专心与耐心，这也成就了肥皂厂员工最突出的品质，他们将工作上的专心与耐心带入了生活，影响了身边的人和下一代。居民儿时的记忆大多数跟味道有关。每天留在指尖的报纸味道是造纸厂的纸香，闻在身上的味道是芙蓉厂的皂香，而落在口中的味道自然是食品厂的糖果香。糖果香来自成都耀华食品厂，是一个从原料采购到产品生产都是标准一条线的糖果生产工厂，生产出来的糖果在全国畅销。食品厂一直以来分工明确，用料扎实，认真负责，严格要求，成为厂内特色。除了造纸厂、芙蓉肥皂厂和耀华食品厂以外，峨眉交通机械厂也是临江东路社区具有较大影响力的老国企。原峨眉交通机械厂厂长刘辉良说："我是峨眉厂的子弟，从小就生活在工厂的氛围里。厂里的叔叔伯伯们是那样勤劳和蔼，他们将工厂当成自己的家、自己的希望，他们为国家创造了巨额财富。"从厂长的话中可以感受到工厂的和谐气氛，员工对工厂的归属感和认同感，塑造出峨眉交通机械厂的独有文化。

老国企文化是一代又一代国企员工在日常工作和生活中积淀下来的，不管是芙蓉厂的专心与耐心，食品厂的认真负责、严格要求，还是峨眉交通机械厂的勤劳和蔼，都是属于老国企年代的独有财富，是一种精神，一种文化。它对于协调群体成员的行动发挥了重要的积极作用，就像蚂蚁过江。社区居民都是独特的行动者，他们基于自己的需要、根据对情景的判断和理解采取行动。老国企文化是他们沟通的中介，如果他们能够共享文化，那么他们就能够有效地沟通，消除隔阂、促成合作。但随着老国企纷纷倒闭，原先氛围浓烈的国企文化慢慢衰弱，分散开来，只得以碎片化的形式存在，没有系统地整理归纳，在社区中也没有形成社区的文化特色。

二 社造过程及成果

（一）老照片引回忆

临江东路社区内居住着很多老国企员工，他们曾经在老国企里生活和工作，对那里的人和事都有着无比深厚的感情，值得留恋和回忆。那些日子员工们不仅记在了心里，有的还通过照片将那一刻场景，那一段故事永远地保存了下来。为了促进老国企员工们的交流，回忆和分享自己曾经工作的故事，加深他们之间的感情；也为了让更多的居民感受到曾经老国企浓烈的文化氛围，向员工们学习在艰苦岁月中历练出来的吃苦耐劳精神，社区征集了许多具有纪念意义的老照片，并在社区内展示。

2018年2月2日下午，由武侯区望江街道办事处主办、临江东路社区和米多公益服务中心承办的"新岁献瑞 迎春接福"临江东路社区戊戌年新春游园活动在龙江路吉他广场顺利举行。活动开始后，吉他广场的空地上很快就围满了前来参与的居民，虽然现场参与人数众多，但是大家井然有序，遵守活动规则。活动内容丰富多彩，包括扔飞镖、猜谜语、摸福字、投掷沙包、运送乒乓球、夹弹珠、踢皮球、写春联、义诊等。此次活动特意设置了社区老照片展示的区域，工作人员提前将项目开展中收集到的老照片重新洗出来，用展架吸引了很多居民前来围观，大家迅速交流了起来，年轻人感慨照片的年份之久，"哇！这张照片的年龄比我爸还大"。年龄稍大的居民看着照片回忆那个年代，向年轻人骄傲地讲起曾经辉煌的老国企历史，"这就是当年的造纸厂、肥皂厂，你看嘛，多巴适的"，一张张照片一下就勾起了居民们的回忆！

2018年3月12日，社区开始在辖区内的祥乐苑（十五中街2号）开展春回临江院落文化环境营造活动，参与人员有成都市武侯区米多公益服务中心项目工作人员与参与临江东路社区文化营造的志愿者、热心居民、自组织成员等。大家用已经装裱好的老旧照片装饰院落里各个单元的楼道，让大家一进单元门就能看到社区以前的老照片及老故事。"这个要挂在单元门口大家才看得见"，"这个要放在一楼楼道里面，放在口子上会淋雨，这样不好"，"要用水泥钉，你这样劲太小，我来吧"就这样你一言我一语的，边商量边行动，共同出谋划策，将每个单元的一楼楼道都用老旧照片装点了起来。刚拿出来照片就吸引了院子里住户们的眼光，大家拿着照片寻找自己认识的人或熟悉的场地，一下就勾起了大家曾经的记忆。

（二）社区自组织的培育和发展

社区营造是一项漫长的工作，它不像多数化学实验一样反应强烈，快速出成果，而是在生活过程中一点一点地累积，慢慢发生变化。在这一过程中，并不是只有社区"两委"和社会组织来推动，更多地需要依靠社区自组织的力量。如果只有社区"两委"和社会组织在支撑，社区营造的效果是不明显的，且过程更加缓慢，所以需要自组织的支持和协助，并承担起主要的任务，带动居民参与社区治理，进而在将来自行解决社区内部事务，达到自治。社区"两委"、社会组织、社区自组织和社区居民就像组成了一张网络，大家在各自的位置上履行好自己的职责，承担任务，共同付出，共享成果。通过四者之间的互动，增强居民的归属感，提升公民意识，提高社区幸福指数。社会自组织是联结居民和社区"两委"、社会组织的中间桥梁，其重要程度可想而知。在临江东路社区开展社区营造之前是没有社区自组织的，或许居民就根本没听说过自组织这个词。在项目开展后，社区前后发展了五支自组织，他们从刚了解自组织时的懵懵懂懂，到加入时的兴致勃勃，最后到工作时游刃有余，从而带动居民参与社区治理。

1. 自组织成立前——发现

项目开展前期，为了让更多的居民了解项目进而参与项目，也为了在前期志愿者服务过程中发现一些能人，为成立自组织做好准备，社区进行了志愿者招募活动，经过一段时间在各个院落的志愿者摆点，项目的宣传取得了一定的成效。

在志愿者招募成功后，为了让志愿者之间互相认识、互相了解，社区进行了志愿者团队建设。2017年10月24日下午，在临江东路社区党群活动室开展了此次活动。活动分为两个内容：一是了解志愿者的特长和兴趣爱好。活动上，大家以"我会做的"和"我想学的"为题，在便签上写下了自己的绝技和兴趣，志愿者有的擅长唱歌、跳舞，有的擅长书法，有的擅长做菜，这些能人都是社区的宝贝；同时，也有些人想学书法，有些想学手工，有些想学种菜，这些则是大家的需求。二是以即将举办的重阳节游园活动为主题，讨论了可行的方案，确定了各自的分工，并最终在海报上形成了完整的方案。虽然是第一次团队建设，大家彼此还不熟悉，但通过这次讨论的碰撞，大家对接下来的分工合作都很有信心。重阳节游园活动是志愿者参与此项目后的第一个大型活动，大家兴致勃勃，联合社区周边的望江街道社区卫生服务中心、喜悦药房、木吒女性养生馆、品发轩发型设计、陈师傅修理店等为居民提供了一次有趣又实用的活动。

志愿者加入营造项目后，还参与了临江社区辖区内芙蓉苑的院落打造活动。为讨论芙蓉苑的院落治理问题，2017年11月2日下午，米多公益服务中心携手武侯区望江路街道临江东路社区居委会涂主任、中共望江路街道临江东路社区委员会赵书记，与芙蓉苑的自管小组成员、志愿者一起，开展了茶话会活动，深入讨论了芙蓉苑的院落治理问题，内容围绕芙蓉苑的垃圾收集点和文化活动室两个议题。大家都踊跃发言，各抒己见，对垃圾收集点的位置是否需要变换、垃圾清运是否方便、垃圾分类是否有条件试点、文化活动室选址在哪里等问题进行了讨论，现场气氛非常热烈。茶话会结束后，志愿者们都行动了起来，链家地产的伙伴们也加入了院落环境的美化治理，清理花园里的垃圾和枯枝。半个月后，芙蓉苑发生了很大变化。门口的蓝色垃圾桶已经变成了有分类标识的四个垃圾桶，大门口都变得整洁了许多。

此外，志愿者们还和芙蓉苑的居民们齐聚在院落里，为院落环境的美化贡献了一点自己的力量。院落里的居民们满脸笑容地为院落环境美化建言献策。大家看着一盆盆盛开的鲜花和一排排花架，立马就开始动手往花架里面装花。"这个花要岔开放才好看"，"说得对，花盆也要分颜色，一个一个排列开最好看"，"这面墙上挂两盆，转过弯放四盆"。大家对自己生活的院落都十分熟悉，提出来的建议也很周到。"花盆是分好了，但是这面墙光秃秃的怎么挂呀？"眼看着问题出来了，院子里七十多岁的史爷爷立即说道："我家里有工具，这个问题简单！"随后周叔叔就按照史爷爷家工具的尺寸买了方便挂花盆的螺丝钉，"花墙行动"就开始了，阿姨们负责把花和花盆摆放到每面墙对应的位置上面，叔叔们就负责在墙上钻孔安装螺丝钉，大家分工明确，很快就将以前的一面旧墙换上了新装，为院落增添了一份色彩。这次活动不仅仅是芙蓉苑居民参与了，还有隔壁院落的邻居，他们羡慕地问什么时候才能轮到他们院落改造。

2. 自组织成立——发生

经过前期项目开展过程中奠定的基础，临江东路社区的居民骨干成员逐渐被挖掘出来。2018年1月24日，社区开展了对居民骨干的第一次培训。培训主要是为了让居民骨干之间建立关系，互相熟悉了解，充分挖掘社区骨干领袖的潜能，提升团队凝聚力。此次的培训内容主要是认识自我与认识他人。通过我是谁，我来自哪里，我擅长什么，我的职业经历是什么等问题促进社区骨干进一步认识。通过本次活动发现社区居民真是人才济济，有制药的、有财会的、有人事管理的、有水利水电的等，个个都是人才啊！他们除了工作经验丰富以外，还有许多共同爱好，比如跳舞、唱歌、打太极拳等。2018年3月9日，成都市武侯区米多公益服务中心组织临江东路社区的居民骨干前往崇州市三郎镇龙翔六顶小区参访学习交流社区营造、社区治理经验。参访的社区能人们都感慨这边的院落环境太好了，希望临江东路社区的各个院落也能通过居民们的共同参与变得更加宜居温馨。大家纷纷表示愿意为院落治理、社区营造贡献自己的一份力量。

三月春回大地，万物复苏，一切都恢复了生机，充满了朝气。参访回来没几天，在3月12日植树节这一天，成都市武侯区米多公益服务中心项目工作人员与参与临江东路社区文化营造的志愿者、热心居民、自组织成员等共同在祥乐苑（十五中街2号）开展了春回临江院落文化环境营造活动。参与活动的成员在院落里对小花圃进行美化，为单调的花圃增添一抹亮丽的色彩。大家一起动手，你松土、我挖地、他种花、她浇水，积极性极高，一会儿就让院落的花圃色彩变得艳丽多姿。"这个花好养，养活了可以开很久，院子就更好看了"，"这个花种的少了，应该再多种一些"，"这些花已经足够了，不能再多了"。大家积极地发表着对于种花的不同意见，并且纷纷动手参与。

社区营造项目开展得如火如荼，经过前期的工作，发掘了少数居民骨干和能人。通过对居民骨干和社区能人进行培训，带领他们参访，他们在带动居民参与社区治理过程中发挥了很大的作用。经过前期各种工作，现在到了正式成立和发展社区自组织的时候了。2018年4月4日，在对居民骨干培训的第二次活动中，正式成立了五个自组织，分别是文化小组、环保小组、舞蹈小组、志愿小组和书法小组，让居民骨干带动五个自组织。文化小组主要培养社区文化讲解员，收集老照片、老故事、老物件，展示临江特色和风采；环保小组以能人史爷爷为首，在芙蓉苑试点厨余垃圾分类和酵素制作，并推广到整个社区；舞蹈小组以原有的广场舞队为基础，请专业老师教授和编排舞蹈，形成特色节目；志愿小组以志愿者队伍为基础，和社区对接，自发开展志愿服务活动，促进邻里和谐；书法小组以书法达人丁老师为首，开展书法授课活动，并在活动室进行展示。"我要加入书法小组，跟丁老师学书法！""我支持我们临江国营企业的老故事，我加入临江文化小组。"社区骨干们纷纷发言，现场气氛活跃，五个组的成员很快确定，并由组内成员推选出了组长，制定了小组任务和活动要求。

3. 自组织成立后——发展

经过项目前期的准备，临江东路社区营造项目的五个自组织成立，在确定了小组成员后，各小组纷纷开展了活动。2018年4月9日，米多公益服务中心临江东路社区营造项目在芙蓉苑小区开展了老照片营造小区的活动，大家纷纷对这次活动表示赞许和支持。在商量过在哪里挂照片后，文化小组的成员便开始帮忙打造社区。大家互相帮忙很快便把老照片挂好。当天中午，外来购房的居民驻足观看老照片，通过和这位大姐的交流，发现她内心渴望熟人社区，希望社区营造能增进大家的关系并互相信任。通过此次打造临江记忆、老照片营造小区的活动，一方面，重塑了老国企文化；另一方面，也逐渐提高了居民自主参与公共事务的意识及能力。另外，临江文化小组通过走访和征集，收到了邬爷爷捐赠的老式打印机一台、饶忠俊捐赠的造纸厂先进奖盆及手绘造纸厂平面图、田爷爷捐赠的造纸厂全体代表留影的老照片以及肥皂厂原职工提供的老照片和当时破产的法院公告，这些承载着历史的老照片、老物件瞬间让人回到了当时的岁月，小组成员们也感慨万分。

收集到老物件、老照片后，文化小组在其他小组的帮助下收拾出来一间活动室，作为展示老国企文化历史的主要阵地。2018年4月12日，环保小组、志愿小组和书法小组的成员们一起来到芙蓉苑，撸起袖子，清理了活动室废弃的桌子，拿起扫把，扫走了活动室的积灰，淘好帕子，擦拭桌椅和门窗。随着顶棚的修理、杂物的清理，活动室焕然一新。项目成员和骨干们一起将屏风、书桌、展架和照片墙搬进了活动室，项目成员将活动剪影的照片贴在了照片墙上，文化小组将收集到的老照片、老物件摆放在展架上，书法小组将笔墨纸砚也摆放在书桌上，整个公共空间已初具模型。这里将成为文化小组展示老国企文化的"临江记忆馆"，同时也是书法小组的活动阵地之一。

在文化小组活动开展得如火如荼时，环保小组也不甘示弱。2018年4月13日，环保小组的成员们将采购的垃圾分类桶送到了祥乐苑，替换了原先的无盖垃圾桶；同时，将厨余堆肥桶送到了环保小组组长史爷爷处。"我多研究一下这个厨余堆肥桶，把剩菜、蛋壳、骨头那些废物利用起来，变成肥料，到时候大家要用就来找我哈！"史爷爷高兴地说。

此外，志愿小组也展开了项目活动，主要内容是看望孤寡老人和感恩母亲。2018年4月17日，在志愿小组组长的带领下，志愿小组开展了看望孤寡老人的活动。下午两点半，志愿小组的成员们在临江东路社区集合，一起前往十五中街3号，看望了孤寡老人，为他们送去了慰问品。志愿者们了解了老人近期的生活状况，擅长按摩的志愿者还帮老人捏肩膀疏通经脉，老人对志愿者们的关心表示感谢。同时，志愿者们也对老人购置的保健药品给予关心，提醒老人谨防上当受骗。经过此次的慰问，志愿者之间更加熟悉，也对孤寡老人的晚年生活表示关心，并决定以后每月慰问孤寡老人，让老人感受到社区、社会对他们的关心和关爱。除了看望孤寡老人，2018年5月11日，志愿小组的成员们在母亲节来临之际，组织开展了感恩母亲的活动，为祥乐苑、芙蓉苑80岁以上的母亲送上了亲手包装的花束。在院落自管小组成员的带领下，大家把包好的花束送给了院落里的"80妈妈"们，"往年顶多是子女回来一趟，今年收到了社区送的花，真的是很惊喜，感谢！感谢！"一位收到花的母亲感慨。"母亲生儿育女、抚养子女长大，奉献了一辈子，我们今天能为他们送上一点祝福，很值得！"一位党员志愿小组成员表示。

2018年5月17日上午，在志愿小组组长刘秀芝的带领下，志愿小组成员开展了看望孤寡老人的活动。一大早，刘秀芝班长就带上慰问品在社区等待大家集合。大家一起来到了十五中街3号的钟婆婆家，刘老师送上了为钟婆婆买的粗粮、鸡蛋以及艾灸盒，大家关心了钟婆婆最近的身体状况，并讲解了艾灸盒的好处和使用方法。随后，党员志愿者饶老师为钟婆婆理发，志愿者张姐细心地给钟婆婆剪了指甲。6月19日下午，在志愿小组组长刘秀芝的带领下，大家一起来到了十五中街3号的钟婆婆家，刘老师送上了为钟婆婆买的粗粮和鸡蛋等慰问品，大家关心了钟婆婆最近的身体状况。钟婆婆表示，上次送来的艾灸盒很好用，大家送来的粗粮自己一直在吃，鸡蛋也是隔天吃一次，最近自己的血糖已经基本正常，只是血压还是高，经常头晕。志愿者们对钟婆婆嘱咐道，"一定要注意身体，不要相信网上那些卖药的，有病有痛要到医院检查才正规"。项目期间，志愿小组进行了三次看望孤寡老人活动和一次母亲节活动，但这并不意味着结束，小组成员们仍然坚持每个月看望社区里的孤寡老人，为他们带去温暖。

展示老国企文化的"临江记忆馆"，同时也是书法小组的活动阵地之一。2018年4月20日，在书法小组组长丁老师的带领下，书法小组"翰墨课堂"的第一堂课开课了。学习内容从毛笔书法初学者需要知道的基础开始，包括笔墨纸砚的选择方法和毛笔的握笔姿势。丁老师也通过亲身示范，为学员们讲解写毛笔字的方法和技巧。第一次的"翰墨课堂"获得了一致好评，大家在欢声笑语中学到了知识，在学习中促进了交流，在交流中升华了情感。书

打造临江记忆，重塑老国企文化 ●●●

法小组的"翰墨课堂"每隔一个星期举行一次。在项目期间，一共开展了四次。学员们表示不仅学习到了书法知识，也了解到了"字如其人"的真正含义。大家都耐心仔细地练习，有不懂的问题都向丁老师请教，丁老师也耐心进行指导。通过四次课程的培训，学员获益良多，从最开始的懵懂，到现在的有模有样，大家都在进步。学员在课堂上不仅学习到了如何写毛笔字，还在学习过程中促进了交流，从最初的点头之交，到能有时间坐下来一起聊聊各自的生活，烦心事大家一起出谋划策，高兴事大家一起分享喜悦。

舞蹈小组在组长郭老师的带领下，也开展了活动。2018年4月27日，"舞韵飞扬"第一次课程开课了。舞蹈老师郭老师为到场的成员介绍了此次将要教授的舞蹈名称；随后，郭老师亲自示范了舞蹈动作及过程，并让成员们逐一练习，对错误和不到位的姿势一一纠正。第二次课程是对之前教过的舞蹈动作反复练习，以求达到最佳效果，为之后的"临江记忆"主题文艺汇演做好准备。

2018年6月20日上午，临江东路社区吉他广场热闹非凡，来自社区的各个自组织、兴趣小组在这里共同呈现了一场精彩的"临江记忆"主题文艺会演。本次活动是项目孵化的自组织成果展示，活动现场从主持人到表演者都是来自临江社区的居民，是一场居民自发组织、自导自演的文艺会演。项目开展的近一年过程中，临江东路社区孵化出了志愿小组、舞蹈小组、书法小组、文化小组、环保小组等各种类型的自组织，这些自组织都在当天的活动中大展风采，带来了合唱、舞蹈、书法、朗诵、健身操等丰富多彩的节目表演。轻快的舞姿、曼妙的歌声、行云流水的书法、激情高昂的朗诵、轻松愉悦的健身操让所有人热情高涨。活动没有专业的演出队伍，没有华丽的舞台，但有的是居民们的热情，有的是社区里的凝聚力与温暖，正如开场节目主持人所说"尽管不是专业演员，但水平并不业余"。一场活动展示的不仅仅是居民们的才艺，更是居民们对于社区的热爱，对于生活的热爱！

"临江记忆"主题文艺会演在表面上是五个自组织的成果展示，本质上是一股新的力量注入社区，每个自组织成员都在尽心帮助社区居民，打造社区和谐气氛，带动居民参与社区事务。临江东路社区党委赵书记说："社区志愿服务意识增强了，服务队伍在逐渐增加，志愿者们都真心实意在为社区的弱势群体服务。"整个营造项目不知不觉就结束了，在这个过程中五个自组织经历了探索期、成立期和发展期，这并不意味着结束，相反，可以说这只是一个开始。到发展成一个成熟的社区自组织，成长的空间还很大。在项目开展过程中，可以看到社区一点一点地在改变，不仅是空间环境上的改变，还有氛围上的变化，这是社区"两委"、社会组织、社区自组织和社区居民共同努力的成果。

（三）社造成果

1. 居民意识的转变

项目负责人员通过多次院落茶话会的方式引导居民对院落垃圾收集点、院落环境美化、院落文化活动室等进行议论，引导居民由被动参与变为主动参与，鼓励居民主动发言，充分收集居民意见，并进行记录整理，将可行性意见用于项目的执行之中。在活动开展过程中，居民会主动参与进来，共同打造自己的社区。其间，居民之间的交流更加频繁，气氛更加和谐，居民意识也发生了转变。从对社区事务的事不关己高高挂起、漠不关心到现在主动参与、献言献策，这是临江东路社区营造项目的成果之一。

2. 公共环境的变化

临江东路社区营造项目的第二个成果是辖区内两个院落公共环境的变

化。项目执行期第一个公共环境打造的院落是芙蓉苑,首先是米多公益工作人员联合社区书记、主任及工作人员与芙蓉苑的志愿者、居民骨干等共同开展茶话会,深入讨论院落治理问题。并且引导居民对院落垃圾进行分类,将院落原有的普通垃圾桶升级为带有不同环保标识的垃圾桶。此外,还对院落环境进行了美化,在芙蓉苑社区的旧墙挂上了花盆,让院落增添了一份色彩。第二个公共环境打造的院落是祥乐苑,根据院落自身情况和条件,在院落里摆放了八盆三角梅,另外外墙刮墙后挂上了十五中街的街景照片,彰显老国企文化,祥乐苑看起来更加有活力,也更有吸引力。

3. 公共空间的升级

临江东路社区营造项目的第三个成果是辖区内公共空间的升级。通过前期项目的执行情况,在走访社区及居民院落的过程中,发现了部分院落具有可打造的公共空间,这些空间通过自组织的整理,用于项目后期打造展示"临江记忆"老旧物品的实体空间,同时作为文化小组开展活动的主要阵地。观察发现部分院落的墙壁可以充分利用起来,通过对旧墙的重新粉饰,展示出国企文化历史,居民能够直观地感受到"临江记忆"社区文化。

4. 老国企文化的重塑

临江东路社区营造项目的第四个成果是辖区内老国企文化的重塑。项目开始本就以老国企文化为切入点开展。通过老照片、老物件在社区内的展示,重新唤起快被遗忘的老国企文化历史。事实上,在项目开展过程中,碎片化进而即将消逝的老国企文化确确实实被重新凝聚起来,再次回到了社区居民的视野。年龄较大的居民重新追忆过去国企的辉煌岁月,回忆那个虽然艰苦但很快乐的年代;年轻的居民听老国企员工讲起过去的日子也感慨万千,整个社区都被浓浓的文化气氛所笼罩,那是一种在艰苦岁月里历练出来的吃苦耐劳精神;是一种在工作中养成的专心致志、一丝不苟的习惯;是一种在生活中修行出来的勤劳善良的品质。

三 经验总结

往往一个项目结束后，我们可以通过分析过程，加以总结，为省市乃至全国的社造机构和工作人员提供优秀经验。临江东路社区营造项目以辖区内老国企历史文化为切入点，通过对在地资源的发掘整合，促进社区自组织的培育与发展，达成了项目目的，满足了居民社区需求，拉近了居民之间的距离，和谐了社区气氛，在长期过程中最终实现居民自治的效果。整个过程中，对在地资源的发掘整合、对居民文化意识的培养和社区自组织的建立营造就显得尤为重要，这对与临江东路社区有相似情况的社区建设来说有值得借鉴之处。

（一）在地资源的发掘整合

一个项目完成度高不高、内容丰不丰富，和在地资源利用得好不好有较大的关系。国内外有很多做得十分出色的社区项目，都将在地资源利用得淋漓尽致。比如，台湾地区南投桃米村的青蛙小镇，这个村没有历史人文也没有自然风景，只有青蛙最多。其中有一个最特别的品种——黑蒙西式小雨蛙。因此，桃米村就把青蛙当老板，打造了台湾地区第一个青蛙观光特色社区，并找了一批卡通专家把所有青蛙找出来，画成各种卡通形象，而且给青蛙配了非常酷的名字叫"忍者黑蒙"。桃米村社区营造闻名的重要原因就是抓住地方特色，充分利用当地资源，打造出一个和其他地方完全不同的青蛙小镇。因此，临江东路社区的社区营造项目借鉴桃米村案例和其他优秀成功案例，充分发掘社区内部资源，融入社造过程，不仅发挥了在地资源的价值，也让社造项目更有意义,居民获益颇多。

为了撬动居民内生力量,建立社区基金,米多公益服务中心在成都市慈善总会成立的微基金落地范围扩大到了临江东路社区,以期培养居民慈善意识,引导居民学会链接在地资源,探索社区治理路径。

在芙蓉苑治理上面,米多公益链接链家房地产工作人员为院落环境改造做出贡献,清理院落枯枝及垃圾。

在重阳节游园活动方面,四川省福彩成都分中心、望江街道社区卫生服务中心、喜悦药房、木吒女性养生馆、品发轩发型设计、陈师傅修理店、四川中医肝病医院为居民带去温暖。福彩中心提供资金赞助;望江街道社区卫生服务中心的医生为大家免费测量血压;喜悦药房的张医生免费开方就诊;四川中医肝病医院的医生免费测量血糖和 B 超检查;品发轩的发型设计师为大家免费理发;木吒女性养生馆的专业技师为居民们免费肩颈按摩;陈师傅为大家提供免费补鞋服务。

在地资源顾名思义指的是当地自有资源,对在地资源的利用听起来好像很容易,但重要的是要先发掘,如果资源摆在那却没人理睬,那就丧失了它的价值;另外,发掘之后,不会利用和整合也达不到应有的效果,弱化了资源的力量。因此,在将来的社区营造过程中,首先,应具备的是有利用在地资源打造社区的意识和想法;其次,需要有探索和发掘资源的技能;最后,拥有整合和利用资源的能力,这样才能将社区营造做得更好,为社区带来更多资源。

(二)文化意识的培养和弘扬

人类由于共同生活的需要创造出文化。文化作为一种精神力量,能够在人们认识世界、改造世界的过程中转化为物质力量,对社会发展产生深刻的影响。这种影响，不仅表现在个人的成长历程中，而且表现在民族和国家的历史中。提到文化，大部分人可能会以国家地区这种比较大而广的概念来划分，如东方文化、西方文化、中国文化、美国文化。但文化不仅可以以一个国家或一个地区为载体，还可以展现在一个小小的社区里，它首先是在社区里形成的，在长期发展过程中氛围更加浓烈，到最后被社区内每个人所接纳包容，更有可能影响到社区以外的人和事。临江东路社区就是这样的社区，辖区内的老国企在发展过程中形成了自己的特色文化，但随着老国企纷纷倒闭，文化形成时依托的载体消失，只能以碎片化的形式存在。而社造项目就是要让本已碎片化的文化重新凝聚起来，形成社区特色文化。

  在项目执行期间，米多公益项目人员对社区及居民院落进行了走访，对社区的老旧国企文化历史做充分了解，收集了一批珍贵的老旧照片和老物件，并将老照片、老物件在公共空间"临江记忆馆"内集中展示，通过照片和物件的梳理展示能够让社区居民更加重视社区自有的文化，对社区的"临江记忆"老旧文化进行更充分的宣传弘扬。

  文化对个人、对家庭、对社区甚至是对国家来说，都有着举足轻重的作用。它就像是一种约定俗成的习惯和规矩，在生活中规范人的行为，影响人的思想。本案例中的老国企文化更多代表了一种在工作上兢兢业业、勤勤恳恳、吃苦耐劳的品质和精神，它在潜移默化中成为老国企员工身上自有的特质，在生活中影响邻里，进而影响下一代年轻人。因此，对和临江东路社区有相似经历和历史的老社区而言，文化是凝聚社区的一个重要切入点，在任何时候都不能丢掉自己的独有文化。已成碎片化的文化要采取积极的措施重新让它在社区内部扎根；文化氛围强烈的社区更要大力宣扬和鼓励，让本已驻足的文化永远笼罩社区。文化意识的培养和弘扬对将来的社区营造也是一个值得借鉴的经验，以此为切入点的营造项目在心理上更能链接居民，链接

打造临江记忆，重塑老国企文化

整个社区。

（三）社区自组织的建立营造

社区自组织是社区居民自发成立的组织，它是推动社区发展的主人翁；是促进社区公益和社区文明的倡导者；是增进社区参与和实现社区自治的主力军；是有效开发、利用社区资源的整合器；是沟通社区关系，协调社区利益矛盾的中间人。自组织参与社区治理的过程实际上也是居民参与社区治理的过程，从自组织成员人数的变化可以看出社区居民参与社区治理态度的变化。可能在项目开展初期居民的参与意愿不高，选择加入自组织的居民较少，但在项目开展期间，选择参与进来的人越来越多，这更能体现居民态度的转变，进而影响社区的变化。因此，既然自组织在社区内所发挥的作用较大，也反映了社区居民自治的程度，那么自组织的建立与培养就显得尤为必要。

临江东路社区营造项目通过前期招募志愿者参与社区治理，发现社区能人和骨干，以他们的力量带动成立了五支自组织。在接下来的营造项目中，居民自组织成员共同参与讨论社区可操作、可执行的具体活动内容来提升居民的参与度，并将讨论出的方案加以实施。项目期间五支自组织共同参与了对社区院落的打造活动，也分别开展了自己的活动，在这个过程中培养了自组织成员参与社区治理的执行能力。同时，还进行了三次骨干培训与一次参访学习交流活动，通过内部学习和外部交流，自组织感触更深，在参访其他社区营造优秀成果、汲取优秀营造经验后，结合社区内部实际情况开展社区治理对自组织来说信心更足、力量更大。培训、参访加上执行，口头上知识传授的同时加强执行力，不仅是口头传授如何参与，将书面知识落实到行动中，更加快速有效地提升自组织成员的能力。事实上，项目初期加入自组织的居民并不是很多，但随着项目的开展，主动加入自组织的居民越来越多，自组织团队逐渐壮大，居民态度发生转变，参与社区治理的意识不断提高，整个社区更加和谐。

自组织的孵化与培养是社区营造的重要环节之一，良好的社区自组织会提升居民自治能力，也会促进社区治理向积极的方向发展，对社区的营造尤其要注重社区自组织的营造，这对社区工作者进行未来的社区营造项目来说是一个值得注意的地方。孵化自组织的过程可能比较艰难，有可能会遇到自组织成立后居民没有兴趣，不愿加入；或是成立后的自组织徒有虚名，作用不大；又或是成立一段时间后不知不觉自动消亡。这些情况其实都是正常的现象，要求社区工作者正确对待，以积极的态度去处理。遇到自组织队伍弱小，居民不愿加入的情况，要认真分析原因，是宣传不到位还是居民从内心不愿参与社区治理，对症下药，从问题根源出发解决难题；成立后如果作用不大，应及时加强培训，切忌放任不管；如遇社区自组织自动消亡，首先要从心理上接受这个事实，不应由于一个自组织培养的失败而垂头丧气、丧失信心，而是理性分析原因，找到出口，汲取经验教训，在接下来的社区营造工作中找到努力的方向，少走弯路。

（四）社区"两委"和社会组织的互动合作

社区营造的开展有利于社区的发展，这是毋庸置疑的，但营造过程是困难而漫长的，需要社区"两委"和社会组织在营造项目上达成共识，通力合作。社区"两委"应主动搭建民众参与社区治理的平台，为社会组织开展社区营造项目提供便利条件，整合辖区单位多方资源，搭建沟通交流平台。另外，在精神上和行为上大力宣扬和鼓励居民参与社区治理，起到先锋模范作用，带动多方力量共同参与院落建设和院落管理。总而言之，社区"两委"

打造临江记忆，重塑老国企文化

应在社造过程中提供最大的支持。而社会组织在开展营造项目过程中应随时和社区"两委"保持沟通交流，汇报进程，分享成果，提出疑虑和困难，让社区"两委"能实时掌握社区动态，充分感受到社区变化，并对社会组织在营造过程中遇到的问题给予建议，提供解决办法。

具体来说，为顺利展开社区营造，社区营造团队和社会组织对自己的角色定位要明确。作为社区党委和居委，首先站位要高。社区发展治理的落脚点在社区，社区需要运用社会组织的专业知识来服务于社区居民；其次，在思想上要明确，社区与社会组织要优势互补，在社会组织刚入驻社区、不熟悉社区情况时，社区"两委"要主动配合社会组织，给社会组织介绍社区情况，让社会组织熟悉居民，也让居民熟悉社会组织；最后，在硬件和资金方面，社区应该尽最大努力为社会组织提供支持。不能认为社会组织承接了社区营造项目，社造就是社会组织的事情，其实社会组织服务的对象是社区居民，社区"两委"也要共同搭台来做好社区营造，用公服资金等资源来为社会组织提供支持。作为社会组织，首先要明确服务对象。政府通过购买服务的方式，让社会组织进入社区。社会组织要明确服务的对象是社区和居民，而不是政府，要实实在在沉入社区干实事；其次，要正确处理和社区"两委"的关系，不能搞独立。社会组织在社区内开展营造项目如果仅凭一己之力是无法达成目标的，需要社区"两委"的协助。但在营造过程中，双方可能会由于自身的工作经验和经历产生分歧和矛盾。在这种情况下，社会组织不能以"你不懂"来全盘否决社区"两委"的想法，更不可以抱着凭借自己的专业知识和经验就能搞定的心态单独行动。应该虚心听取意见，好的意见接受，不好的意见也要耐心向社区"两委"解释。社区"两委"和社会组织的和谐关系会让社区营造项目开展得更顺利。

总而言之，社区"两委"和社会组织只有充分交流和沟通后，营造工作才会进展顺利，社区才会真正改变，居民才会真正受益。希望所有的社区工作者能从心理上和行动上接受此观点，期望双方的通力合作会产生一加一大于二的效果。

临江东路社区营造从临江东路社区的老国企文化历史出发，通过居民口述历史的方式，寻找老国企文化记忆的碎片，并且以打造"临江记忆"展览角和院落文化墙的方式将老国企文化展示出来，引起居民对于社区文化的共情，激发社区居民的参与活力。同时，以茶话会的形式挖掘社区领袖、培育社区组织，对社区领袖进行培养和培训，提升其组织参与能力，推动社区居民助力社区治理，提升居民公益意识，提高社区幸福指数。以公共空间打造升级，推动城市居民之间淡漠的邻里关系演变为互相信任扶持的邻里关系，搭建交流平台，转变居民意识，使更多的人能够参与到社区活动中，以文化带动社区治理的模式推动居民主动承担公共事务，统筹社区资源互帮互助。总的来说，项目进展顺利并圆满结束。社区也实实在在发生了变化，我们能看到的是公共空间的变化，环境更美了，可利用的空间更大；居民参与社区治理的意识和能力也提高了；本已碎片化即将消逝的文化也重新回到了社区。在访谈社区党委书记关于社区变化时，他说道："我认为，一是居民关心与参与社区事务的活力被激发出来了。二是志愿者队伍在不断扩大。从社区营造开始培育社区队伍到志愿者能主动到院落小区为特殊人群开展志愿服务，包括社区平安志愿者的守楼护院行动、各支部党员志愿服务队义务理发和修理小家电等，志愿者们都主动地参与到公共事务和志愿服务中。三是自组织队伍不断增加，居民开展活动的方式也形式多样。"另外，当时芙蓉苑可视的临江记忆立体墙绘做好后，有个居民在社区营造项目微信群里感慨："我眼前一亮，又把我们带到了单位还在的记忆当中去了，太好了，太好了！"虽然只是寥寥几句话，却是居民发自内心对社区营造项目的肯定。不

打造临江记忆，重塑老国企文化 ●●●

管是从居民的反应还是社区"两委"的反馈情况来看，社区着实慢慢在改变，居民之间关系更加和谐融洽，社区内充满欢声笑语。

昨晚的雨下得尤其大，清早起来地面就像被清扫了一般格外干净，空气也格外清新，上班族早早地出了门。午饭过后，大家一前一后出了房门聚集在社区里面。妇女们凑在一起边织毛衣边聊着八卦，"谁家刚生了个10斤的大胖小子""隔壁社区谁家又嫁女儿了，男方给的彩礼多得很"。男人们凑在一起下起了象棋，围得里三层外三层，"七嘴八舌"给建议，"下这，下这""看嘛，我说这步不能这样子下吧，不听老人言吃亏在眼前"……

我们所理解的社区营造

社区营造最终目的是实现居民自治，要求居民转变思想和观念。它要改变的是居民以前那种"我只用管好我自己的事，社区的事情不关我的事"的小我心态，从而走出自己那几十平方米的房间，放眼整个社区，真正把社区当成家，把社区的事当成自己的事，社区内部的事务社区居民自己解决，努力建设好我们的社区。

社区故事写作者：罗飞，先后担任教师、外资企业区域经理，2006年起从事社区工作，2014年顺应四川省成都市武侯区网格治理机制改革成为社会组织负责人至今。郑宇，本科就读于西华师范大学汉语言文学（师范）专业，研究生毕业于中国传媒大学汉语言文字学专业，研究方向主要有文字学、音韵学、训诂学。现从事政法机关行政工作。汪欢，本科就读于西南石油大学英语专业，研究生毕业于西南财经大学公共管理学院行政管理专业，研究方向主要有社会治理、社区治理、地方政府管理。现从事地方文化事业研究与管理工作。

案例供稿机构：成都市武侯区米多公益服务中心，2014年5月由原社区综管站改制而成，是一家5A级社会组织。机构是一家专注于社区民生服务和社会治理的民办非营利性组织。现有的服务项目有社区民生服务项目、社区社会治理项目、社区居家特困养老项目、居民融合项目、重大疾病项目和青少年发展项目等。

古箭塔的新生机

——成都市蒲江县箭塔村

◎ **引语**

天下事有难易乎？为之，则难者亦易矣。

◎ **案例概述**

箭塔村位于成都市蒲江县甘溪镇西南部，与蒲江、名山两县交界，毗邻108国道。村内总人口1686人，全村总户数546户。村内主要产业为茶、猕猴桃、柑橘种植，最近两年依托扶贫项目，建设了步道、沟渠等基础设施，大力发展旅游业。

箭塔村不仅保留着良好的生态环境，更拥有着深厚的文化底蕴。箭塔村古时即为西南边陲重镇，为南丝绸之路的必经之地，村内目前尚留存有佛塔、铸币厂、汉墓等遗迹，其中一座建于唐宋时期的佛塔，被乡人称为"蛮塔子"，即为"箭塔村"的名称由来。

本文主要讲述了2016年至2018年，箭塔村广大村民在党委政府和村支部"两委"的领导下，在原成都市政协驻村第一书记与成都高新区安逸舍社区服务发展中心的引导和帮助下，发掘培育本地"新乡贤"，培育本土社会组织，探索出了一条以乡村社会建设为核心、城乡融合为手段、产业升级为目标、党委政府领导、社会力量参与支持的发展道路。

一　别开生面的"年猪祭"

新一年的"年猪祭"又在紧锣密鼓地筹备，相比之前，这次的接待量更大、内容更丰富、受到各方的关注更多，但人们仍时常记起2017年的那个冬日凌晨，凛冽寒风中，几名箭塔青年将指向"年猪祭"会场的指路牌提前准备好，搓着手等待日出。

（一）独此一家年猪"祭"

"人家都说：'高书记，前几任书记都没有去祭拜蛮塔，你倒机灵把它"祭"了。'我就觉得很可笑，塔子它本身都摇摇欲坠、自身难保了，我争取资金保护它还来不及，还'祭'它做啥子，保佑我升官发财哇？搞这个，就是想发扬我们的传统文化，保留我们本地的习俗，让老百姓更加亲如一家，顺便还可以宣传我们箭塔村，让城市里面的人都品尝到我们的生态农产品，欣赏我们的自然风光，好发展我们的旅游。"

如果你来到箭塔村，询问这里的村书记高永强为什么要办"年猪祭"，他一定会用十分激动的心情和地道的蒲江方言回答你上面这番话。

众所周知，杀年猪的习俗在全国大部分地区都有，也有层出不穷、各式各样的"年猪节"，但其内容却大多相似：杀猪、卖肉，此外乏善可陈。而箭塔村创造性地提出年猪"祭"，一字之差，却隐藏着中华民族敬重生死、感恩自然的朴素智慧。

古箭塔的新生机 ● ● ●

2017年"年猪祭"祭祀的现场——千年佛塔下，宰杀好的年猪默然无语，一旁的法师一身袈裟，正在念诵祷文：

维：公元二〇一七年冬腊月，宜祀之辰，合村民众，谨以年猪清酒，粗茶淡饭之仪，祭扫于巍巍箭塔前，跪而敬祷曰："岁在丙申，年终扫祭，天宇朗朗，万物待苏，箭塔后裔，谨备礼仪，清酌庶馐，本地土猪，奉祭于祖，奉祭于塔，至清至简，烹尝蒸黍，祷跪塔前。"

……

祭祀的祷文是询问了村中的长者、由收集到的残章断句整理而成，颇具古意，可窥一斑。而主持祭祀的悟旻法师是本村法华寺的住持，得知村上诚邀各界人士共襄盛举，欣然同意在仪式上为牺牲超度往生。

既有传统的文化底蕴，又有变革发展的经济驱动，箭塔村将封闭的、私密的、以户为单位的"年猪祭"，变为开放的、公共的、举全村之力的城乡融合活动，实为一次大胆的突破与创新。

（二）构建城乡新关系

"年猪祭"之后，村"两委"成员向两位新村民颁发了荣誉证书和顾问聘书，感谢他们一年来为箭塔村发展所做的贡献，并希望他们继续关注和支持箭塔村的发展。第一位新村民是四川省生态文明促进会三农建设工作委员会主任王振皋，他代表四川省生态文明促进会为箭塔村带来了许多国内领先的农业技术，亲自到田间地头手把手地给村民示范。第二位新村民是成都市成都公证处副主任潘秦宏老师，被聘为箭塔村法律保障顾问。

千金市骨的道理人人都懂，但像箭塔村这样耿直质朴的运用却很少。尽管两位新村民之前已经与村民接触较多，但在这样一个庄重的场合，让所有村民郑重对待，想必即便见惯了大场面、拿惯了金奖杯，也会感到这仪式感背后沉甸甸的责任。

村上的养殖大户曹春枝表示："我们一定严格按照生态标准，不打除草剂、不打农药、不使用化肥，为消费者朋友们提供高质量、健康的农产品。"她代表村里的农户做出了生态种养殖的承诺。没错，箭塔村的目标是台下两百名城市客人以及他们背后的家庭与社区，餐桌安全无论何时都是刚需，而这样难得的一次生产者与消费者见面的机会，怎能不紧紧抓住呢？

而之后的事实也证明了此举的远见，曹春枝带头建立的生态种养殖合作社坚守了她的承诺，积累了一大批忠实客户。

（三）佛塔下的坝坝宴

如果说西方国家社区内的重要社交场合是各式各样的聚会，那国内可与之对标的莫过于乡间的宴席了。本地方言中，称为"坝坝宴"，因菜品多、菜量足，又名"九大碗"。如此接地气的宴席形式，实际上起到了维护熟人社区、构建集体记忆的重要作用。

而在"年猪祭"上，箭塔村又赋予了"坝坝宴"一个新的功能："当你留住了他的胃，也就留住了他的心。"宴席上的菜品并非寻常炮制，食材皆是应时就地所取，如临溪河畔石缝中的马齿苋、河里的冬小鱼，腊肉香肠更不在话下；菜肴制作也非一人之手，而是村民们八仙过海各自献出的拿手绝活，辅以地方中医世家的科学配比、合理搭配，餐桌上还摆有颇具巧思的插花。如此而成的一桌生态、美味、养生的传统家宴，如何让城里人不终生难忘呢？

冬日的暖阳下，二十张圆桌在塔下一字排开，两旁的树上挂满成串的灯

古箭塔的新生机

笼。刚出锅的饭菜冒着腾腾的热气，陆续被端上餐桌。志愿服务的村民们，驾轻就熟，有条不紊，即使戴着口罩，也能感受口罩后洋溢的笑意。高书记作为村民代表兼活动吉祥物，挨桌敬酒，表示感谢。平日不爱吃饭的儿童也开始狼吞虎咽。一时间，觥筹交错，人声鼎沸，主宾尽欢。

民以食为天，安全、健康、生态、多样、美味、自然等字眼都可以轻易撩动消费者的心弦，但箭塔村的愿望不止于此。一桌城乡共享的宴席，是"君之所食，皆吾所食"的宣誓，也是"却话塔下共饮时"的期冀。

（四）石头也能卖成钱

虽然所有城市客人都是免费参与，但箭塔村提供的"增值服务"却一点都不含糊。会场上井然摆放的画架上展示着数十张箭塔村的风景照，头戴小红帽的学生志愿者们作为义务导游，各自引领着数名游客在村内的小景点鱼贯穿行，甚至有人在佛塔下开起了"演唱会"。

但最热闹也最让人兴奋的，还是"买买买"。作为城乡活动的"标配"，农夫市集汇集了本村所有可供客人带走的农副产品，柑橘蜜柚、土鸡土鸭土鸡蛋、手工编织、农家腊肉……琳琅满目，质量有保证。

更有会场附近的几家农户，本来一位村民只是去地里摘点青菜准备晚上吃，被游客发现后直接要求到地里现采现卖，"扫荡"一空。据说最多的一家，接待了五批客人，连萝卜都被拔光了。

直到现在还为人津津乐道的是，当时一位村民突发奇想，将家中收藏的石头也搬了出来，席地而售。这些石头都是村民平日里在屋后临溪河中偶然捡起，放在家里觉得好看，这次抱着试试看的态度拿出来，最后竟然真的创下几百元的销售额。

自那以后，村民们便很少再说"我们村没什么资源"之类的话。而要说态度转变最大的，莫过于开头提到的箭塔村党总支书记高永强了。

"一开始要整这个（'年猪祭'）的时候，我是不相信（能成功）的。搞一次活动没那么简单，光凭他们几个村民，有那么多东西要考虑、要筹备，再说了，哪里去找资金嘛。""后来，我看到他们连续几个晚上都在加班弄，看来确实是来真的了，做出来的方案、宣传材料也都有模有样，我就开始觉得（这件事）有可能搞成。（我就）主动向镇上汇报了这件事情，没想到，镇上也十分认可和支持，主动提出要拿二十多万元专项资金来修建和加固村上的护栏以保证客人的安全。这个时候，村民也跟我提出资金不足的问题，我就找到附近比较熟悉的一些开发商和老板，筹集了一万多元的赞助，我还动员我们村委干部都凑钱，我带头凑了500元。"

（五）幕后的"箭塔七疯"

箭塔村的"年猪祭"不可谓不成功，但如果你仅仅把它当作一次村委或者政府所搞的一次营销活动，那你就错了。它背后所蕴藏的东西在下文里将逐一展开，在这里，要说的是整个活动的筹备组——"箭塔七疯"，那么这几个人到底"疯"到什么程度呢？

"疯"到一切都是源于闲谈时不经意的一个想法，只有不到一个月，说干就干。

"疯"到从不会用软件修图，到几天之内自学成才，承担了宣传材料的设计制作。

"疯"到从头天晚上9点到第二天上午9点连轴转，只为赶在印刷厂放假之前交稿。

"疯"到所有活动资金要去拉赞助，不够还要自己出钱出力。

"疯"到最后，硬是让全村人主动要求当志愿者，镇政府主动出资二十万元紧急修建了道路护栏,县级政府主动派出媒体关注。

"箭塔七疯"的名字就不一一列举了,日后他们仍将大放异彩,但不得不提的是,把他们找出来、组成团队、并且一起"疯狂"的那个人,他就是由市政协下派参与扶贫工作的原驻村第一书记——伍茂源。

二 村里来了个"猫书记"

> 我们路过耸立千年的古代佛塔,考察酿酒世家遗留下来的沧桑照壁,眺望无边茶海上翱翔的鹭鸶群,聆听临溪河冰绸一样滑过卵石床……想到自己的使命正是帮助这个美丽古老的村落焕发生机,奋斗的火焰"呲"一声就燃了。
>
> ——原箭塔村第一书记伍茂源,网名"猫太郎",人称"猫书记"。

(一)小地名知多少

有理想,有担当,有能力,有文化,当28岁的"四有"青年伍茂源第一次踏上箭塔村这片土地时,不会想到日后会与这个村子碰撞出怎样的火花。彼时踌躇满志的他,作为政协下派扶贫的第一书记,所面临的第一个问题,就是如何融入这个陌生而古老的小村落。

上任第二天,他准时来到村委会,有位村民跟他打招呼:"书记早,又来上班了啊。"说者无心,听者有意,他意识到,也许村民们对第一书记还抱有着"镀金""形式"等成见。他知道,接下来就要用行动证明自己,进而取得村民们的理解与信任,这是今后一切工作的基础。

如果换了别人,可能会充分利用自己的权力,大会小会,宣传教育,但他没有。他借来了一辆破单车，利用午休的时间骑着它在村里四处转悠。拿着一张箭塔村的地图，每到一处，就和田地里正在劳作的村民搭话，请教本地人对此处的叫法。村民们在采茶、翻地、施肥之余，看到这样一位不大听得懂本地方言、执着间又略显书生气的第一书记，都倍感新奇，纷纷议论这到底是怎样的一位书记。

时值盛夏，烈日也阻挡不了他。龙爪堰、仰天凹、瞒天过海、上下墩子、高炉嘴、闹子冲、汪井……地图上的标注越来越多，终于，他成了村里知道所有小地名最多的人。村民们的议论也都逐渐变成了："这个'猫书记'不一般哦。"

通常每个小地名都有一段小故事或者某个具体的实物，在外人看来，这些都是很好的社区文化与资源，但在本地人看来，它们背后藏着当地人世代生活的记忆。当有人问及这些小地名以及来历时，一股受到关注与尊重的感觉悄然兴起。

"猫书记"一早就很明确，对于乡村建设者来说，田野调查的真正产出，并不是一堆图表与数据，而是与当地人建立的鲜活、真挚的联系。

（二）我真不是卖肥料的

作为一个扶贫方面的第一书记，日常的工作是协调各个扶贫项目的推进，但这种按部就班的工作远不能满足"猫书记"自己对扶贫效果的预期，他一直在思考乡村产业发展的正确方向。

早在他下派之前，上级政府就已经为箭塔村做了顶层设计，结合箭塔村优美的自然风光、良好的生态环境、淳朴的民风，以及深厚的历史文化底蕴，兴建乡村民宿，大力发展乡村旅游。蓝图固然是正确与美好的，但总觉得少了点什么。

古箭塔的新生机

带着疑问，他自费去了一趟民宿的发源地日本，日本民宿高品质的农产品、舒适的卫浴设施、精致的装饰设计和主人的无上热情，都给他留下了深刻印象。仔细分析后，他发现这些极具吸引力的因素，归根结底离不开发达的产业体系支撑，乡村旅游不能割裂农业这个基础，农业越强，乡村旅游越有精彩的可能。

农业的根本在生产，生产提升的关键在于技术水平的提升，那么问题来了，到哪里去找真正先进的农业技术呢？这时，经熟人介绍，上文提到的四川省生态文明促进会的王振皋主任出现了。经过深入细致的产业调研，四川省生态文明促进会为箭塔村引入了一系列前沿的生态种植技术。

然而，光有先进技术是不行的，与村民打了许久交道的"猫书记"清楚，如果无法得到村民的认可，再好的技术也只是空中楼阁而已。于是，他的任务列表里又多了一项，即寻找愿意第一个吃螃蟹的人。

对村民们来说，新技术意味着额外的投入与不可预知的风险，基因中祖祖辈辈靠天地吃饭所养成的抵御机制就是一切以稳定为先，未知就等于危险。就拿日后立了破局之功的土壤改良技术为例，最后验证出的效果能够以较低成本实现超比例增产，同时减少化肥使用，在不休耕的情况下改良土壤，但这一切需要改变农户原有的生产方式，采用微生物和水肥一体技术。"微生物和水肥一体？"饱受不合格投入品和混乱施肥方法之害的村民一提起肥料，警惕心自动调至最高级："哈，这下露出真面目了吧。"

最后，出于对"猫书记"的信任和自身的责任感，村社干部们自费投入，带头试验。最后，新技术果然不负众望，随着效果的显现，村民们逐渐打消了疑虑，并且有人主动要求加入。再后来，碳溶有机肥、高效质保技术等也陆续引入，为箭塔村的农业升级立下汗马功劳。

实践表明，只有村民自认能把控新事物时，才会展露非凡的主动性与创

造性。这件事情过后,开始有村民主动找上门来:

"我想为城里人提供12个月的猪肉,不喂一点饲料,不加一点抗生素,只要他们相信我们!"

"我想学习制作手工茶,用村里的古井水泡茶给游客喝!"

"我想为城里人提供水碾碾出的生态稻米,那比机器碾的好吃多了,你们能把拆掉的水碾重建吗?"

……

后来,这些想法都一一实现,逐步奠定了有箭塔村特色的多样化农业生产体系和城乡互动式乡村旅游产业基础。

(三)人心齐,路可移

箭塔村,一听名字就感觉会有很多故事,事实上,也确实有很多很多故事。单就是这"箭塔",说上几天也说不完。这些,都是学文学出身的"猫书记"最痴迷与牵挂的。自打来的那天起,他有事没事都扎在村里,或与村民长者问询,或于古书中求索,或在田间地头考证。从"蛮塔子"的传说、法华寺的变迁,到上下墩子的年代考据、邛窑残片的挖掘,村民偶然发现的瓦当蜘蛛,大姐随口哼的两句民间小调,无不分门别类、整理造册,细大不捐。在他看来,这些都是一个村庄所独有的、最宝贵的,而且无法再生的财富。

而在这其中,最特殊的肯定要数临溪河边的"蛮塔子"了。据考证,该塔为浮屠塔,亦即佛塔,修建时间不晚于宋,后历经战乱、地震、火灾、人祸,如今只余四级,塔身上大下小,看似摇摇欲坠,至今犹然未倒,塔顶反而树木丛生。保护先于发掘,从来的第一天,佛塔就时刻挂在"猫书记"的心尖上。

古箭塔的新生机

有一次，他与高书记专程到蒲江县文保所拜访专家，挖掘佛塔所承载的文化内涵。临走之时，专家好意提醒：从过去经验来看，许多旅游开发建设都对文物古迹造成了不可逆的损害——运输建材的重车每经过一次，引发的震荡实不亚于地震。

这句话在"猫书记"心里也引起了一次"地震"：村里的另一个项目——一条即将扩建的乡村旅游环线正好经过佛塔，距离不足十米。显而易见，对旅游环线进行部分改道，十分必要。然而改道意味着放弃原有的路基，开出一条新路。第一次提出这个想法，大家都认为绕道"理论上是必要的，但几乎不可操作"：改道涉及复杂的调地工作，更关键的是，新增成本是村集体无法承担的。

此后的一个月，仿佛达成了默契，大家对此只字不提。对一个视文化传承为己任的人来说，这是许多个难眠之夜。要知道，佛塔已经矗立了一千年，还有巨大的历史文化价值尚待挖掘，若因为扩路而出现意外，岂非与发展旅游的初衷南辕北辙？又如何向所有村民和后人交代呢？

恰逢"辽宁野长城被抹平"事件曝光，"猫书记"更是心急如焚。每每与高书记商量绕道之事，都似有大石压在他的心头。他知道，高书记并非担心调地工作复杂，几个月前，正是他带领党员干部创造了一周完成新村建设调地目标的奇迹。症结应该在资金。道路工程启动在即，必须尽快终结犹豫。一个下午，他和高书记郑重讨论了此事，结论是：不科学决策，一定会留后患。

次日，适逢市政协委员来村开展扶贫工作民主监督。座谈中"猫书记"向委员们汇报了佛塔保护遇到的难题。非常温暖的是，委员们鼓励高书记，只要做好相关论证，经费问题是可以通过程序解决的。

仿佛被按下了"激活"按钮一般，大家立刻着手勘察地形，征求沿线群众意愿，很快便确定出一条可行路线。新的线路仅仅比原方案延长了60米，新增费用也远远低于预期，因此论证报告一送达甘溪镇，立即受到领导重视，并迅速解决。整个过程不到一周时间。

"猫书记"心里的大石头落地了，他知道，箭塔早已不是单纯的一座佛塔，而是箭塔村本地文化的象征符号，是整个村庄、全体村民公共的灵魂所寄。一个村庄的独特文化，正是一个"村之所以为村"的根本，可以让村民在家族、宗亲之外，彼此间有着剪不断的羁绊，既承载过去，也孕育着未来。

（四）乡村工作之法

"猫书记"知道，任何事物都有两面性。村庄作为一个长期存在的熟人社区，稳定是其存续的第一要义，然而对于变革与发展来说，其暴露出来的另一面就是消极、畏难和小富即安，这些思维定式无疑是村庄实现跨越式发展、摆脱被淘汰命运的最大阻碍。

尤其是公路改道这件事，村民们甚至村社干部们的第一反应都是"还是算了吧""不可能的""白费力气"……"猫书记"的思绪又飘到了他刚到村上没多久的时候。

某日，村里的农技员无意中谈到一位农户辛苦种下的 2 万斤冬瓜面临滞销，产品质量很好，但眼看就要烂在地里了。"猫书记"敏锐地认识到这是一个赢得村民信任绝好的机会，于是紧急调动自己的资源库，联系上了某国企菜市场，并得到了第二天就来村里拉货的承诺。

"猫书记"大喜过望，叮嘱农技员转告农户：人家是好心来帮助咱们，最好把冬瓜提前摘下，不要让人家等得太久。消息是送到了。可第二天现场一看，村民们干得正热火朝天，一派节日气象：冬瓜新鲜地躺在地里，等着人肉传送带一筐筐往院里背。"他是怕公司不来。"农技员面露难色。"猫书记"

并未计较，但意识到淳朴的村民并非不轻易信任他人，可能只是受骗上当太多了。

"冬瓜事件"得到了完美解决，因为品质确实不错，收购价甚至要高于市场，户主得到了不菲的收入。村民们也开始对"猫书记"刮目相看，逐渐认可和接纳了这位住在村上的第一书记。

然而这件事还埋下了一个伏笔，在不久后农业新技术引进陷入僵局时，正是这位户主在带头试验中发挥了关键作用，打开了局面。

在地方村民的行为体系中，你帮了我，我就欠你一个人情，那当你需要帮助的时候，我就义不容辞，否则不仅自觉面上无光，以后也不会再有人愿意帮我，这是本地人的生存法则之一。这种个人乡村社会资本的积累与运用，也在日后影响更多人，起了重要作用。

不过，"猫书记"理想中的状态还是村民们可以通过科学的思维方式，理性思考与决策，而非受人情所制。如果大家都能够不先入为主地断定一件事的难易，而是先分析这件事要做成须具备哪些条件，再尽力想办法满足，那么整个村庄的发展与突破就有了稳定的保障。

（五）"新乡贤"在这里诞生

前文已经说过，"猫书记"是个很不一般的第一书记，他接到任务的那一刻，就已经决定要在村上"扎根"，要把箭塔村当成自己的家一样建设。所以他在村上找了一家开张不久的农家乐，交了住宿与伙食费用，坦然而笃定地完成了"村民"身份的转换。

他经常告诫后来的乡村工作者：一定要驻村，而且最好是住在农户家里。快速了解和掌握当地文化最小成本的方式就是——和本地人同吃同住。

住在农家乐里，除了可以从主人口中获得村内大事小情的一手情报外，还有一个好处就是坐拥一个现成的社区公共空间，每当空闲时，就会有附近的村民、亲朋好友来此喝茶闲聊，也就创造了与不同人群接触的机会，"猫书记"也有意把大小讨论、内外会面都放到这里。于是，箭塔村发展的村民骨干们，也都一一出现在"猫书记"的视线里。

曹春枝，"年猪祭"上代表农户发言的那位，是个嗓门很大，性格豪爽的农村妇女。曾经经营养猪场赔了几十万元，但也是第一批响应号召，拥抱新理念、新技术的农户。她所开发的，利用本地中草药喂养、不打抗生素、零饲料添加、十二月足月出栏的生态猪，收获了大批城市拥趸。她还牵头成立了"春枝姐农业专业合作社"，带动其他农户积极试验各项生态种植技术，转变种植方式。因为新技术的带动，她还被新华社采访过。

曾程耀，"猫书记"所住农家乐主人的少东家，受其感召，毅然辞去重庆市的工作，返乡创业。将原有的农家乐，升级改造为民宿"山茶花舍"，还潜心钻研制茶技术，先后开发出"花舍红""白桃晨露"等茶品。箭塔村自古就是优质的茶叶产地，加之采用了生态种植技术，茶叶的品质经专家品鉴后认为在国内屈指可数，甚至被送往了中南海。

周先才与周莉，夫妻俩经营着村卫生站，是村内传承了数百年的中医世家，视发扬传统中医文化为己任。家中老宅种植着数百种中草药，是名副其实的"百草园"。起初周先才参与"年猪祭"筹备时还遭到了周莉的反对，但亲身参与了几次公共活动之后，两人共同成为发展中心的骨干。

高鹏洲，另一位返乡青年，经营着"竹隐"民宿，还承包了近60亩猕猴桃。他最大的希望就是通过提供健康、优质的农产品，将箭塔村的品牌打响，让全村村民都有一个更美好的生活。

郑述琴，原本只是普通的家庭主妇，因偶然接触到村上组织的茶道培训，便从此投入到公共事务中，不断学习。最终，用不断提升的能力，坚持周到的服务，获得大家的认可，担任了社区发展中心理事长。

……

"猫书记"常说："村里很多人是有足够能力和奉献意识的，他们缺少的只是一个平台而已。"正是通过给这些村民骨干搭建平台与提供必需的支持，才有了后来的"箭塔七疯"与"年猪祭"，才有了后来的"新乡贤"与社区发展中心。

"猫书记"知道，箭塔村自始至终都属于本地村民，所以未来的发展就掌握在这些"新乡贤"手中。培养他们利用本地资源、通过彼此之间的合作来解决自身和社区需求的能力，以此为基础形成一个以多方共赢为目的的协商议事组织，是箭塔村保持持续内生发展动力的关键。

然而，村上的扶贫项目陆续进入收尾阶段，大量的事务性工作要处理，实在分身乏术；而且，他也意识到，这项工作需要专业的课程与系统的资源，到底谁能够担此重任呢？

似乎是冥冥之中自有安排，彼时成都市城乡社区可持续总体营造行动的号角已吹彻全城，"猫书记"第一次知道了自己之前所做的种种努力和方法，都属于社区营造这一系统而庞大的工作，也终于等来了足够情怀、足够专业、足够实力的社会组织，来共同完成箭塔村整体振兴的重任。

三 目标："消灭自己"

2017年7月，因为"年猪祭"的成功举办，在隔壁村一位社区营造学者侯新渠的牵线搭桥下，箭塔村与成都高新区安逸舍社区服务发展中心（简称安逸舍）一拍即合，自此箭塔村的发展进入了一个全新的篇章。安逸舍的工作者来到村里的第一天，调研工作就一直持续到深夜。他们让在场村民记忆犹新的是一句话："我们的目标是：消灭我们自己。"

（一）初相遇——儿童禾趣

安逸舍驻点的两位社工刚来到箭塔村时，所面临的第一个问题与"猫书记"是一样的，也是所有社区服务项目落地时都要解决的，即如何快速融入本地。作为一家深耕社区多年的专业组织，早有一套完整成熟的工作方法。

时值暑假过半，各家各户作业基本做完了的儿童恐怕早已成了家长头疼的对象，对儿童来说，该玩的也早已玩腻了，不知道该怎么玩了。安逸舍与老搭档成都农禾之家再次合作，在村里发布了"禾趣计划"暑期夏令营的活动，掀起了一阵不小的旋风。

"禾趣计划"，由农禾之家专为服务乡村儿童而开发，同时又注重儿童与社区、儿童与家长、家长与社区的互动。通过契合当地情况的内容设计，引导儿童重新认识社区与发现社区，全面提高动手、动脑、审美、团队协作等能力；对于家庭与社区来说，也是全新的文化体验。

秉持"一举多得"的理念（这后来被总结为箭塔村一切活动的准则之一），安逸舍在报名的前几天就通过村委会招募了村上的十余名志愿者，有热心的爸爸妈妈、有中学的教师与学生、有村上的个体经营户，其中大部分在后来都成为社区发展中心的骨干成员。

按照"禾趣计划"的设计思维，安逸舍引导志愿者们通过工作坊，动员了一切可利用的资源（也是箭塔村活动准则之一），制定了丰富多彩又独一无二的活动日程：根据地图去实地收集箭塔村的小地名（显然出自"猫书记"之手）、家长讲述箭塔的传说并编成小话剧、在临溪河边捡鹅卵石画画、周医生领队在田间地头辨认草药、利用随处可见的植物做拓印等。几天下来，孩子们玩得充实又开心，初来乍到的安逸舍社工们也把村上的资源情况大概了解清楚了，还跟大部分村民混了个脸熟。

儿童可以说是社区中最容易接触和影响的一个群体，抓住了儿童，也就抓住了家庭。用儿童活动来作为社区工作的"起手式"，基本上都可以起到事半功倍的效果。

（二）再相聚——协会组建

利用"禾趣计划"成功融入村上之后，安逸舍的两位社工与"猫书记"做了同样的选择——驻村工作，这也为之后的工作带来了极大的地缘优势与交流便利。

好的开始是成功的一半，安逸舍所谓的"消灭自己"，也是自身使命所在，就是要在箭塔村培养一个以本地村民为主的社会组织，不断赋予和提升它的能力，并陪伴和引导它一起开拓一条成长的道路，直到它可以独立运作，能发挥助力村庄发展的作用。那么问题来了，如何建立一个本土的、稳定发展的乡村社会组织呢？

第一个，也是最核心的一个要素是人。基于猫书记的前期发掘和"禾趣计划"中涌现出的骨干，安逸舍做了大量的跟踪访谈与动员工作。既要晓之以理，让大家知道这样一个组织日后在村子的发展中扮演着怎样的角色，以及参与之后对自己会有怎样的收益；又要动之以情，让大家看到这样一个组织会为社区生活带来怎样的改变，以及作为成员会收获怎样的成长与成就。

第二个要素，是财。一个组织的正常运转，光靠激情和情怀是不能长久的。在一个贫困村要让大家筹资结社，还是有些强人所难。于是安逸舍动用恩派的社会资源，从长期合作伙伴汇丰银行那里筹措了7万元的资金，资助箭塔村的社区组织建设。经过与村委会沟通确认，形成了提案并通过村民议事会表决，将这笔资金合法地授予拟成立的社区发展协会管理和使用。

第三个要素，也是最后一个，是"事"。一个组织即便是有人有钱，如果没有具体的使命业务和运行规章就像没头的苍蝇一样。在一次次的筹备会议上，安逸舍引导大家制定了协会的章程，包括使命与业务职责，还通过民主表决选出了会长、会计等职务，各项制度也陆续完善起来。

水到渠成，瓜熟蒂落，终于在2017年10月19日这一天，在村委会和安逸舍的见证与引导下，箭塔社区发展协会正式成立，初始会员13人。协会使命为整合多方资源，发挥居民在社区建设中的主体作用，走出一条居民自治、资源共享、共同发展的新道路。业务范围包括社区基金运营、社区服务、社区文化、创业支持、自组织培育等，这些会在后文中详述。

（三）搭平台——城乡融合

2017年10月21日，来自成都市桂溪街道永安社区的八组家庭第一次来到箭塔村。在接下来的两天里，他们乘坐着"大奔牌"观光车徜徉在箭塔村。穿行于松林、茶园，聆听"蛮塔子"的古老传说，在临溪河畔摘柚子，品尝用古井水泡的手工红茶，亲手编织可爱的小鹿，在幺妹灯传人的教授下对唱山歌，购买的水果、土鸡塞满行李箱……永安社区，是安逸舍在成都高新区的项目点之一，因为"乐乡计划"，才有了这次箭塔村之行。而行程的设计、安排、组织、陪同，则全部由刚刚成立的箭塔社区发展协会完成。

"乐乡计划"是安逸舍开发的城乡融合服务产品，旨在通过社会组织和社工的牵线搭桥，让城市社群与乡村组织直接建立联系，即搭建一个城乡互动的平台，创造更多发展可能。以永安社区为例，不仅在之后的"年猪祭"上又来了五十余人，还带动了同属桂溪街道的和平社区也与箭塔村结成了对子。当然，礼尚往来，箭塔社区发展协会也多次到桂溪街道回访，并送上他们所预定的农产品。

对于乡村组织——尤其是产业相对不发达的地区来说，促进和引领产业发展是义不容辞的责任，也是决定组织成员能否持续参与投入，甚至组织是否可以存续的重要因素。所以，结合箭塔村的产业发展规划，安逸舍利用自身的社会资源，促进消费者社群与生产者之间建立直接联系，并发掘新的需求。

除了"乐乡计划"以外，安逸舍还利用所托管的公共场地，对箭塔村的农产品进行展销、路演；利用线上微信平台进行宣传推广；或者在安逸舍承办的活动中推荐主办方采购箭塔村的产品等。这些不仅是为了让新生的社区发展协会有钱赚，更是希望协会能够学习掌握并能提供这样的服务，进而获得大家的认可。而协会成员自身，在这个过程中，也接触到了很多新的理念，对于乡村产业、协会发展甚至个人的成长都有了新的认识，进而，才会去引导更多农户对未来的发展充满信心。

（四）赋能力——陪伴成长

"培力赋能"是社区营造工作中一个永恒的话题，对于乡村组织和村民骨干来说，这一过程尤为重要，但也更具挑战性。一方面是文化教育水平、生产生活方式等客观原因，另一方面，是乡村长期较为封闭保守导致的信息传播渠道闭塞与居民行为习惯等主观原因，其中最突出的一个问题就是不自信的负面情绪。所以，从某种意义上来说，社会组织所扮演的陪伴者角色，其重要性丝毫不亚于知识技能的传授者。

例如，在发展协会成立不久，协会的会长郑述琴接到邀请，去成都市为一些街镇干部和社区书记做关于自组织发展的分享。从未在公开场合发言的郑述琴第一反应就是："不去不去，讲不来讲不来。"于是安逸舍和协会的其他成员就一起协助她，集体讨论确定演讲内容、多次修改PPT、在村委会提前彩排……在大家的支持与鼓励下，虽然她还是非常紧张，但最终圆满完成了演讲分享，甚至当场为箭塔村的公众号吸粉上百人。

除了陪伴、鼓励之外，安逸舍认为，在能力提升之前，应该是村民意识的转变与技术的升级。例如当所有人都认为搞生态有机种植不如重用化肥农药、减少人工提高产量、反正不是自己吃时，哪怕引进再多先进的技术也是明珠暗投。这个时候就需要在某些具体事情上，事先不发表自己的观点，而是让协会成员们按照原有的思维方式去解决，当结果不尽如人意或者受阻受挫时，安逸舍才引导大家认识到之前的局限，进而影响他们转变观念。安逸舍称为"欲擒故纵教育法"。比如村里某户农户售卖宣称是生态健康的水果，结果真的有消费者拿着水果到专业的机构去检测，虽然所幸没有发现超标现象，但还是借此机会让更多农户认识到诚信经营的重要性，不能抱有侥幸心理。

至于具体的能力建设，安逸舍分别对骨干个人和组织整体设计了一系列课程。个人能力包括推文写作、接待礼仪、演讲、会务筹备、网络营销等；针对组织的则是议事规则、行政管理、具体活动筹备、工作复盘等。这些大部分都是安逸舍社工所能掌握的，尤其是后者，很多都是社工专业的工作方法与工具。至于一些更具体、更高端的技能，则可以邀请其他专业人士或者外出参访学习等。

（五）做后援——全方位支持

有一句话说得好，当你觉得自己已经做了很多的时候，当你觉得自己非常了不起的时候，你就应该静下心来好好思考——怎么让更多人知道这个事。

对安逸舍这样以孵化培育社区组织为使命的社会组织来说，尤是如此。新生的乡村组织由于长期以来农民话语权的缺失，往往缺少自主发声的意识、渠道和能力。因此，如何让更多人知道箭塔村的这群人并且认可他们，也是必不可少的一项任务。那么安逸舍都做了哪些工作呢？

首先需要官方认可的身份——注册登记。这可是以培育组织为使命的安逸舍的本职工作，无论从哪方面来说，箭塔社区发展协会都是具备了注册登记条件的，资金、章程、理事会、监事会等。在这过程中还发生了一个小插曲，因为"协会"的字眼通常属于"社会团体"，所以需要更名。2018年6月，原箭塔社区发展协会在蒲江县民政局正式注册为非营利组织，官方名称为"蒲江县箭塔社区发展中心"。有了自己独立的法人身份，是肩负更多更重大责任的基础。

其次，就是在各个媒体渠道上不断增加社区发展中心的曝光量，扩大知名度。每逢重大活动，必定邀请纸媒、电视台等媒体参与和报道。线上新媒体肯定也不能放过，微信公众号、微信群、头条、微博，及时总结、及时传播，当然，在这个过程中培养本地写手也是非常重要的。

再次，在机构的圈子里和各种工作场合中，积极为发展中心争取业务与项目。例如参访交流、活动会务，也包括各种基金会的支持项目等。

最后，平时注意项目的总结与梳理，在真实工作情况的基础上，在各种平台、渠道上争取各类奖项、荣誉等，例如成都市城乡社区可持续总体营造行动平台就多次发起过征文比赛、最美瞬间摄影比赛、优秀案例、明星自组织评选等，这些奖项箭塔村也都一一包揽。

经过深入的能力建设与组织建设，当发展中心做好足够的准备来牛刀小试时，安逸舍就有意识地为其铺平通往外部的道路，宣传也好，奖项也罢，都是激励他们更快、更稳地成长。社区营造中经常会提到两个词——"孵化"和"培育"。诚然，新生的组织就像破壳的小鹰，当陪伴他们走完最艰难的一段路之后，安逸舍深知，终有一天他们将自己翱翔。

四 乡村组织在崛起

蒲江县箭塔社区发展中心入选了2017年成都社造明星自组织，但发展中心成员们知道，这仅仅是迈出了万里长征的第一步。这些"新乡贤"可能缺少传统乡贤的权势与名望，但从不缺乏为民服务、造福乡里的情怀担当。他们也深知，只有紧紧抱成一团，才能守住大家的故乡。

（一）"我为箭塔代言"

从第一次接待永安社区的城市老乡开始，箭塔社区发展中心的骨干成员们就多了一重身份：箭塔代言人。

箭塔社区发展中心的成立，标志着数年来的乡村建设工作终于破土而出。随着曝光量的增加，箭塔村和发展中心所受到的关注也越来越多，不断有外地政府、社区、社会组织、社区组织、高校团体、游客等到访箭塔村参观、学习、交流、拓展、游览等。一时间，对外接待竟成为发展中心的主要收入来源。

郑述琴、春枝姐和周莉三位骨干，是公认的"金牌导游"。热情迎客、周到服务，自是不必多说，三位有各自的"绝活"。

郑述琴作为发展中心负责人，全面主持发展中心各项工作，对于自组织的建设与发展、自组织的任务与责任自然是熟稔于心，经过长时间的磨炼，早已不是当初那个公开说话都会紧张的家庭主妇。讲台上娓娓道来，可以在普通话和本地方言间切换自如，讲台下亲近随和，令人印象深刻。

春枝姐则人如其名，热情如火，豪爽大方。说起箭塔村特色水果与美食，更是滔滔不绝。尤其是谈起自己一手组建的生态种养殖合作社，更是引以为傲。当然，也少不了讨论农户们对于生态种养殖的坚定态度与对城市人餐桌食品安全的担忧，真挚的情感打动了不少人。

周莉与春枝姐则正相反，细心灵巧，温柔端庄。除了介绍箭塔村的一般情况外，因为受丈夫周医生的耳濡目染，对于中医文化和养生道理也能讲的头头是道。尤其是介绍起自家的百草园，更是如数家珍。

导游虽然不是发展中心的主要业务，但代表着箭塔村的对外形象。发展中心的骨干成员基本上都接受过"猫书记"和安逸舍的指导与训练。几年来的实践证明，比村支"两委"更适合当村子代言人的，就是这些平凡又不普通的村民。而且，一个村子的发展，也需要更多这样的"经理人"。

（二）共建、共享的社区基金

当一个社区自组织发展为社会组织的第一步，就需要思考资金的问题了。在箭塔，发展中心很好地把这个资金融入了社区基金之中。

社区基金的第一笔来源是安逸舍筹措的 7 万元资助金，但这仅仅是启动资金。在接下来的工作中，它将肩负着支持社区发展中心运营、支持村内社区营造工作开展、撬动政府企业资金、鼓励村民创业、培育村民自组织以及自身的发展壮大等任务。

对这样一笔相对较小的资金来说，保证其持续存在是发展的基础。在资金使用的同时，还要保证有源源不断的进项。首先是申请政府相关的资金。在当前良好的政策环境下，村级保障资金、民政局、农业局、建设局及其他部门的项目，都可以成为基金的重要支持。其次，还可以动员社区周边的乡镇企业，捐赠少许资金就可以广告效益与社会效益兼得，何乐而不为呢。此外，还有社会组织圈子里的一些资助型项目，以及来自大企业和基金会的项目，也都可以争取。

当然，最重要也是最根本的一条路径，还是要靠自己。作为村内甚至周边乡镇唯一一家本地社区服务类社会组织，发展中心有着许多独特的优势：有非营利组织的法人身份，可以承接部分政府购买项目；有村委的大力支持，可以免费或低成本地使用村上的公共空间与资源；有人、有钱、有地方，还可以自主运营、转型社区社会企业；最根本的，还是要秉承初心，把自己植根于整个村子的发展。例如，发展中心有一条规定，因为发展中心或村集体而产生的接待、餐饮、服务等费用，所有受益方都要提取金额的5%回馈到社区基金中。

最后，在任何一个集体中，涉及公共资金的问题都是十分敏感的。所以社区基金使用的规范、流程都是经过成员讨论、在监事会见证下表决通过，每月的财务报表、每次大型活动的收支明细等也都会及时公开，受全体村民的监督。

（三）以服务换服务

如果你在某场大型活动结束之后来到箭塔村，你会看到社区发展中心所贴出的财务明细表。如果你足够细心，就会发现，支出里面从来都没有"劳务费用""志愿者补贴"等事项，取而代之的是一张堪称"功德榜"的《志愿服务明细表》，从采购运输、布置现场，到捐献物资、摄影摄像等，后面是志愿者的名字、服务内容、数量或时间等，巨细无遗。

是的，这是社区发展中心的另一个重要使命——不仅经济要发展，精神文化更要发展。经济建设固然重要，但最终评定发展成败的，还是人们的幸福感。而倡导"人人为我，我为人人"的社区志愿精神，既保证了乡风文明的永续，也回归了社区发展中心各个成员志愿者的初心。

当然，志愿精神要弘扬，但纯粹的志愿服务在乡村环境下还是不太现实。村民们的生产与生活密不可分，乡村又是个讲人情的社会，奉献之后如果总是没有反馈（不一定是物质的），也很难有人会再坚持了。

发展中心也明白不可竭泽而渔的道理，对于这个问题，长久以来的解决办法是以服务换服务（正在努力规划，希望做成"时间银行"）。

对于每次活动的村内志愿者，除了颁发荣誉证书之外，还会在"功德榜"中登记各自的服务记录。对于发展中心日后提供的公共服务，比如儿童课外教育、妇女手工培训等，这些志愿者就可以优先或者免费享受。并且还会在一定时间之后，专门为这些志愿者举办活动，感谢他们为大家所做的贡献。

而对于发展中心内部成员，他们无疑是付出最多、最辛苦的，但也要坚持不以物质奖励的原则。代之以学习、培训、团队建设基金，例如个人或集体外出学习、参加培训，可以根据累积的志愿服务量给予相应的补贴。

总而言之，发展中心希望村内的每家每户都能接纳彼此，成为一个团结、互助、友爱的大家庭。

（四）"发展中心"的担当

"中心"意味着什么？大街小巷经常可以看到各式各样的"中心"，那么它背后究竟代表着什么呢？箭塔社区发展中心虽然还未讨论过这个问题，但他们所做的很多事情，实际上已经有"中心"的担当了。

2018年春节刚过，箭塔村的村民们迎来了一场异彩纷呈的元宵盛会。猜灯谜、吃元宵、看表演，男女老少齐上台，好不热闹。更激动人心的是，现场的幺妹灯队伍不仅带来了一连串的好戏，更举行了现场拜师的传统仪式，让人大开眼界。在场的村民不仅看入了神，也都兴奋地认为，以后还能看到幺妹灯是一件多么幸福的事。实际上，这场"喜闹元宵"活动正是由本村幺妹灯传人"曾幺妹"向发展中心提出，经过之前"年猪祭"的影响，有两位本村村民希望学习幺妹灯，想借元宵节举办一个拜师仪式。然后发展中心通过约定的流程对这个提案进行了评审与支持，最后，还把扶持本村幺妹灯队伍也列入了工作计划之中。

另一件事是村上崇宁寺的门景重建。崇宁寺在本村旧称法华寺，与相距不足一公里的"蛮塔子"有着千丝万缕的渊源，几经毁坏仍矗立不倒，至今寺内还保存着一块数百年前记录村民集资修建沟渠的石碑。2017年农历九月的观音庙会上，发展中心的成员借机进行了访谈调研，得知大家普遍希望能够让庙门重新竖起来，而信众和寺庙的主持也都愿意自筹部分资金。发展中心认为寺庙不仅是宗教场所，更是信众们尤其是老年信众寻找精神寄托和社交活动的场所，同时也是箭塔村文化中不可分割的一部分。于是找到村委，报告了调研情况，阐述了修建门景的文化意义，以及对本村旅游发展的现实意义，得到了村委的肯定与支持。最终，在多方合力之下，崇宁寺古朴而庄重的庙门得以重新竖立。

从上面的案例可以看出，"中心"大概就是信息与资源的集散地。而发展中心的责任也足够宽泛：公众号运营、对外宣传、基金提案、创业投资、自组织孵化、文化传承与创新……尽管在前期，这么多的"担当"难免会粗而不精、让人摸不清方向，但有理由相信，随着中心的发展，各项业务会越来越细化，核心业务也会逐渐凸显，最终，满足村民多样化发展需求的功能性舞台逐步搭建起来，那个时候就会找到真正的"中心"了。

（五）生存与发展

从箭塔社区发展中心拿到登记证书开始，安逸舍就希望发展中心的所有成员开始从中心的角度来思考三个古老的问题：我是谁？从哪里来？要到哪里去？无论是个人还是组织，都要想清楚这些问题，才能有生存，才能

古箭塔的新生机

有发展。

发展中心也不例外，作为探索乡村发展道路的先锋队，并没有多少成功的经验可供借鉴，也没有相对稳定成熟的政策和社会环境，因此，发展中心的生存与发展问题显得尤为严峻。不得不承认，对于成立不久的发展中心来说，骨干成员还一时无法完成从志愿者到创业者的思想转变，普通村民也还未对发展中心有足够的了解与认可，发展中心从成立至今，一直面临着内外诸多问题。不过，事物总是在矛盾中发展的，发展中心也正是在村委和安逸舍的指导支持下解决了一个个问题才走到现在的，对于目前的问题与今后的发展，发展中心也做出了许多努力和尝试，在此谨撷取两例，以供探讨。

第一例，是发展中心探索社区社会企业"双轨制"运行的尝试。由于要担负两名专职人员的工资，以及大型活动的开支，最初的 7 万元基金早已使用过半；受资金所限，原定的社区提案与创投也未能广泛铺开；而原先计划的社区治理保障金也因为政策原因迟迟未能落实。因此，如何让发展中心有足够稳定的收入，成了燃眉之急。这时，村委会主动提出，将村上新落成的公共房产——玻璃房子交给发展中心运营，除了日常办公，还可以用来组织活动、召开会议，甚至做一些经营性活动，发展中心只需象征性地付一点租金给村集体。创办社区社会企业的想法也就此萌生，考虑到玻璃房的地理位置（脚下蒲草地，抬头见蛮塔）与空间设计等，结合发展中心与村上的各种资源，经过慎重考虑与精心准备，"姑妈的凉茶铺"就此诞生。主打产品是本地可食药草制作的凉茶，但绝不仅限于此。凉茶铺依托于玻璃房子，而对玻璃房子的开发利用才是真正目的，以凉茶铺为窗口，开发玻璃房子游客服务发展中心、文创展示发展中心、社区活动发展中心、村民议事空间等功能。这些功能目前还在逐步开发完善之中，在这个过程中，就可以通过发展中心的运营、营销，通过提供优质的服务与产品，实现收入的增加，提升社会影响力。

第二例，是发展中心内部的管理建设。发展中心的专职员工有两名，由于资金紧张，两人工资加一起也不过 2000 元，而其他骨干成员更是毫无报酬。虽然确实很有情怀，但在乡村，每个人都面临生存发展的压力，再加上传统乡村社会在人际交往中的一些陋习，最终导致发展中心成员内部间也偶尔发生一些矛盾与误解。虽然有村委和安逸舍的调解斡旋，通过沟通交流解决他们的矛盾，但总归是一个巨大的内部隐患。因此，建立健全而完善的发展中心制度、平等而合理的成员激励措施、信息流畅沟通与公开的渠道，在很早就被提上了日程。目前已经陆续制定了外联外宣制度、例会制度、财务审批制度等，而这些都是通过一次次具体活动所总结整理出的"无形资产"。

村委与安逸舍很清楚，社区发展中心的诞生，经过了漫长的经济、文化、社会交织的孕育期，而他们的角色始终是支持者、陪伴者和引导者，最终的路还是要靠发展中心自己走下去。但所有人都相信，只要发展中心一步不停向前走，其身边就绝不会缺少同行的人。

五 自助者人恒助之

>……乡村振兴是新时代中国最大的公益，是政府、企业、社会组织、高校科研技术部门等各行各业，大家都要一起努力的、最大的公益事业。
>
>——北京农禾之家农村发展基金会理事长、中国社会科学院社会学研究所研究员杨团

（一）想做"服务"不容易

虽然在前文中很少有提到政府部门的力量，但毋庸置疑的是，居于领导地位和掌握社会公共资源的第一部门是乡村建设中最基础的一环。如果说社区营造工作是社会组织搭台、村民组织唱戏，那么政府部门的支持就是台下支撑的柱子，虽然平时很少看到，但却至关重要。

例如箭塔村的村支"两委"，他们可是经过了漫长而激烈的思想认知与自我定位的革新，才有了今天对于乡村发展的整体思考与规划，走在了全国大部分乡村的前列。人们经常形容村居"两委"的工作为"上面千条线，下面一根针"，确实，为了贯彻政府政策执行和执行上级安排的任务，已经占据了"两委"成员的绝大部分精力。箭塔村的高书记经常对发展中心的成员们说："这个村子的发展还是要靠你们年轻人，你们就尽管干，放开手搞发展，需要支持、需要协调随时说，我和村委来帮你们想办法。"为了这句话，高书记这几年来就像老了十岁。

然后是基层的乡镇政府。所幸，甘溪镇前后两任党委书记，都非常认可和支持箭塔村的社区营造工作，对于村民组织自治更是高度赞赏。2017年"年猪祭"之前，看到村民们的决心与准备，镇政府出资近二十万元修建和加固了路两边的护栏；2018年"年猪祭"，听到发展中心反映缺少公共空间，于是镇政府又出资修建了40平方米的玻璃房子与户外的活动平台；第一届农民丰收节时，镇政府更是出面邀请了中央电视台、四川在线、成都日报等多家媒体进行现场采访。最后，值得一提的是，在发展中心正式注册以后，镇政府还主动将全镇的暑期社区教育服务交给了发展中心。

最后是上层各级政府与有关部门单位，也都在各自的范围领域内给予了箭塔村相当的支持。成都市民政局、蒲江县民政局十分关注箭塔村的社区营造工作，相关领导多次实地走访并给予指导；蒲江县双创办对箭塔村申报双创基地也给予了大力的支持；蒲江县就业局主动表示愿意为发展中心提供免息创业贷款……

"猫书记"曾经说过一句话："想为人民服务的好官员很多，但好的'抓手'却很少。"也许，当各地的社区组织、社会组织遍地开花时，政府才能真正完成向"服务型"政府的转变。

(二)高梧自有凤来栖

"曾经有开发商要用几个亿承包我们的河心岛，被我们拒绝了；曾经又有老板出几千万欧元想在村上修建大庄园，也被我们拒绝了。我们箭塔村需要的是可以做窝下蛋的金凤凰，而不是一下子就把树砍走的'光头强'。"在箭塔村的发展中，随着被越来越多的人知晓，箭塔村独特的自然条件与生态资源也受到了不少大资本的青睐，但"猫书记"和高书记清醒地认识到，外来资本成为主导力量，虽然会增加就业机会，但本地村民就会不可避免地沦为劳务输出者，等到资本达到预期收益而撤出寻找下一个目标时，留给箭塔村的可能只有一片狼藉，那并不是所有村民真正想要的未来。箭塔村真正希望的，是创造一片充满生机的沃土，让无论是外来人还是本地人可以自由创业、幸福生活。

"易家园"是一家最先向箭塔村抛出橄榄枝的企业，经过前期的了解、调研，他们看重的是以春枝社为代表的生态合作农业，以及发展中心的旅游产品。"易家园"是一家服务于城市小区物业管理的科技公司，正好有从线上拓展到线下的业务规划，以社区超市为典型代表，所以希望通过和箭塔村的合作，打通一条新的供销渠道。

"漆悦轩"漆器非遗传承基地是第一家入驻箭塔村的文创项目，主人郑晓梅第一次来到村上，就被这里的自然人文环境所吸引，不过最让她真正下决心留下来的，还是看到了村上以发展中心为代表的一批年轻人，觉得这是一个充满活力的村子。

箭塔村理想中的产业规划，是以生态农业为根基、以合作经济为组织形式、以文创旅游发展为目标，百花齐放、百家争鸣。

（三）社会资本的衍生效益

罗伯特·帕特南对于社会资本有一个很重要的论述："当一个社会或某一个地区的社会资本上升时，它的行政组织成本和商业交易成本就会相应下降。"这在箭塔村的发展过程中得到了完美的验证。在"箭塔七疯"、社区发展中心、"年猪祭"、姑妈的凉茶铺出现之前，箭塔村只是一个籍籍无名的小村子而已。而正是这些团体、组织、活动和公共空间提高了社会资本，进而才会获得政府的大力支持与商业的主动合作，为什么？因为这里是成本洼地，资源会自动流进来。

那么箭塔村发展模式的"秘诀"就呼之欲出了：通过培育发展自组织、开展公共活动、经营公共空间等方式，促进社区社交网络、信任网络、资源流通网络的建立，激活社区内生动能，以社区社会资本的积累弥补乡村货币资本的不足，实现低成本高效益，进而动员社会各界力量共同参与、共同发展。这也许就是箭塔村社区营造的核心。

六 后记

这篇案例写于2018年，在这之后的两年中，箭塔村又发生了许多精彩的故事。

2018年10月,文中的"猫书记"在扶贫驻村工作结束后选择了辞去成都市政协的公职加入了安逸舍;2020年初,在恩派公益的理解和支持下,"猫书记"和两位社工离开了安逸舍,并在箭塔村就地创办了一家名叫"吾乡"的乡村创业孵化器,以社会企业和"新村民"的身份继续参与箭塔村的发展。箭塔村以社区发展中心为代表的本地力量在这段时间也有了量与质的提升,并与"吾乡"形成了辅导支持与合作共赢的新关系。安逸舍用这样一种方式实现了"消灭自己"的初衷。

不论箭塔村的发展成功与否,但至少这是一直在实践、一直在探索且被越来越多人关注的一个鲜活案例。而且因为有越来越多的力量参与,也蕴含了无限的可能。

"三农"问题是涉及广袤土地与十多亿生民的根本问题,乡村振兴也需要一份多元、系统并经实践检验的答卷。这确实很难,但正如引语中所说,"为之,则难者亦易矣",我们衷心希望更多乡村地区、组织和个体加入这个伟大事业中来。

我们所理解的社区营造

箭塔村的发展过程,也是我们执行团队的成长历程,对于社区营造的理解,我们也经历了几次认知的升级。

最开始,我们认为社区营造就是组织本地人,一起搞点本地人想要搞的活动。

后来,随着城乡融合工作的推进,我们又认为社区营造是以培养自组织为手段,对社区内外人与资源关系的重新构建。

现在,我们有了新的认识:生活在同一地域的人们是一个共同体,这个共同体就是社区。社区成员以合作的形式，通过主动整合利用社区内部资源，尽可能链接外部资源，以此满足成员的共同需求，解决共同面临的问题，从而实现社区和个人的共同发展，让成员更加团结紧密，并不断开启共同行动的正循环。这种工作方法就是社区营造。

社区故事写作者：许永冰，原恩派公益安逸舍乡村事业部成员，成都吾乡乡村创业孵化器有限责任公司联合创始人，长期关注并投身于乡村组织发展与青年创业孵化。

职工社区的"社造之路"

——成都市龙泉驿区宁江社区

◎ 引语

"喜欢自己的社区很容易,但是付出行动的喜欢却很难。我热爱宁江社区的一切,但爱的包容不代表我能对她的不完美熟视无睹。因此行动才是最完美的'爱'的表达。"

◎ 概述

2016年初,非本地居民的"我们"昂首挺胸地带着"专业社工理论",怀揣着一份社工情结踏入宁江社区,从此开始了漫长曲折却收获颇丰的社造之路。借着"成都市城乡社区营造可持续总体营造行动优秀案例撰稿人"的培训机会,在专业老师的指导下,希望将我们社工团队即所谓的"社工精英"从外部介入一个职工老旧社区,执行一线社工服务,通过近两年社造探索的所思所想,以及一些小小的经验用文字记录下来。这个案例如果能够给予大家一些感悟,那么我们的目的也就达到了。

职工社区的"社造之路"

一 "宁江社造"的铺垫

（一）前期摸索

宁江社区位于十陵街道灵龙路564号，临近三环路，交通便捷，占地0.24平方公里，辖区内现有医院一家、小学一所、幼儿园一所，配套设施相对齐全。现有居民8183人，0～14岁儿童383人，45岁以上女性1711人，55岁以上男性1071人，60岁以上老人1927人，党员800余人。60岁以上老年人占社区人数的30%，45岁以上群体则占社区人数的52.5%，因宁江工厂属于有害工厂类，女性45岁、男性55岁就可以办理退休，因此它是一个退休群体年轻化的老旧院落。

2016年初，宁江社区引进了第一家社会组织成都市龙泉驿区成东疗养院（以下简称成东），由成东的社工部运营宁江社区的日间照料中心（以下简称宁江日照）。宁江日照坐落在宁江社区院落里面，紧靠着其他院落楼栋，对于社区居民来说非常便捷。所谓的日间照料中心就是为社区需要帮助的老人提供膳食供应、个人照顾、保健康复、休闲娱乐、精神慰藉、紧急援助等日间服务的内容。

这些服务成东社工团队开展得如火如荼，10个月的时间宁江社区居民基本知道了社区有个宁江日照，也知道了成东社工。成东社工团队用了长达一年的时间驻扎在宁江社区。这一年里，除了宁江日照日常开展的一系列活动外，成东社工努力链接内外部资源，针对社区住院老人及其家庭向成都市民政局申请专项项目，取得10万元资金，开展了长达1年的社工服务；针对社区青少年向社区申请公服资金项目，取得1万元资金，开展暑期夏令营服务。在执行这些项目的过程中，同社区不同年龄阶段的群体逐步拉近关系，有了一定的群众基础，认知度也得到了大幅提升。

2016年6月，成东社工团队开展了第一次名为"我心飞扬"的情绪疏导小组工作，小组的服务对象是一群照顾家中老人的社区中年群体。在策划这次小组工作时，整个团队都觉得是一件很简单的活动，认为这就是带着老人做游戏放松的过程。在对服务对象进行界定时，大家并未意识到范围太过模糊宽泛。第一次小组活动，在团队规则建立之时，发现小组成员的目标很难达成一致，有些老人认为小组的最终目标就是"高兴"，有些老人认为小组的最终目标是"交朋友"。专业社工因对小组成员的筛选范围过于宽泛，造成第一次小组活动缺乏核心目标，看起来丰富却并未实现基本目标，对于整个小组最后的目标实现十分不利。发现这个问题后，社工团队经过紧急调整，重新对小组成员进行一对一接触，将服务对象范围限定为照顾家中重病的退休社区中年群体（45～50岁），有一定焦虑感和无力感的一群人。在重新筛选符合范围的小组成员后，再次启动了小组工作，专业社工明显感受到小组工作的开展变得顺利，目标清晰明确，成员的转变也可量化。

这次小组工作遇到的问题，给成东社工团队很多反思，他们总结道：成东社工虽然看似提供了除养老服务以外的其他服务，活动非常丰富，但是真正的社工专业性并未体现出来，"社区"的改变也微乎其微。为此，成东社工团队开始聘请社工督导，采取激励制度，鼓励项目成员考取社工证、专业再学习，也链接资源去参加各类社工培训提升自身的专业理论知识和实践能力。

其实，相对而言，2016年社会工作这个概念对于社区以及整个社会来说，还太新、太过陌生。在成都这片土地上，社会组织虽然在政府购买专业服务，并嵌入社区治理，但是不管政府还是社会组织他们的社区治理还属于"入门级"，大多停留在社区开展文娱活动、志愿者服务等层面。政府部门和社区并未真正意识到社会组织能够在社区治理中发挥重要作用。当然，

职工社区的"社造之路"

成东社工团队也处于摸索阶段，在这个团队里，只有一个专业社工，其他的大多是非专业出身，有养老护理专业的，也有社会学专业的，所以也不知道小组工作、个案工作、社区工作这三大社工专业方法，更不知道"助人自助""增能赋权"等社工专业的价值观。整体来说一个专业社工虽具备一定的专业知识，但受实践经验的限制，在做活动方面仍是传统的施行"公益活动""志愿服务"。

2016~2017年，成东社工团队开展了近50场活动，主要是小组工作、个案工作和社区文娱活动。在休闲娱乐方面丰富了社区居民的生活，切实满足了居民的利益，在一定程度上，吸引了居民的参与。通过这样的探索，活动并未脱离社工"亲力亲为""志愿服务"开展活动的本质，社工是活动的组织者，社区居民在活动中只是参与者、附属者，但整个团队的专业实践能力有很大的提升，社区参与逐步落实，同社区多元力量建立了初步联系，为后来的社区整体营造打下基础。

（二）矛盾凸显

随着各类服务的逐渐推进，成东社工团队虽然能够感受到社区职能在不断增强，社区基层治理也在发生变化，团队所做的努力也逐渐得到居民的认可，但同社区"两委"的关系却并没有变得更好，反而因为各种摩擦，变得剑拔弩张。

那么，究竟是什么原因造成的呢？

成东社工团队对社区的态度：成东社工团队努力为社区居民提供各种服务，做个活动，每天累得要死要活，社区不帮忙就算了，凭什么让我们把活动的简报发给你们？凭什么让我们为社区提供各种活动资料？成东社工团队和社区是平等的，没有义务也没有责任受社区差遣。

203

社区对成东社工团队的态度：社区的工作也很繁杂，成东社工团队不是来帮社区分担工作的吗？让成东社工团队做点事怎么啦？社工是什么专业？不就是做活动的时候拍个照片、写个简报吗？社区自己就可以做！

以上两方的态度可以发现：社区"两委"日常社区事务非常繁琐，平均年龄35岁，学历普遍不高，拥有丰富的社会经验但缺乏对"社会工作"概念的理解和认同。对于社区来说，成东社工团队在社区开展服务从某种意义上增加了他们的工作负担。成东社工团队是一群接受过专业的社工知识培训且平均年龄在20岁出头的年轻人，他们受过高等教育但缺乏社会经验。成东社工团队的本职工作也是繁琐的，档案管理和项目服务开展都需要花费时间和精力，对于社区提出超出社工本职工作以外的事务，经过一段时间的服从，长此以往，心生怨言也是情理之中。所以站在双方的立场上来分析，彼此的态度和想法其实并没有什么太大的错误。

双方的矛盾持续了近3个月，虽未造成什么不良影响，但不利于双方合作为社区居民提供服务。究竟是怎样一个契机，让双方签订"停战协议"，开始友好合作的呢？

说起这个契机，要提到龙泉驿区民政局为响应成都市民政局颁布的《成都市民政局关于切实做好我市社会工作者职业水平考试工作的通知》（成民发〔2014〕7号），鼓励社区"两委"提升社工专业知识，积极报考社工证，同时为社区"两委"提供社工证考前培训。在上级政府的积极推动下，宁江社区"两委"对"社会工作"概念有了进一步的理解。在他们准备社工证考试期间，借着这个共同话题，成东社工团队和社区"两委"一起备考，相互提供参考资料和考试经验，矛盾逐步缓解。

后来，由成东社工团队牵头发起了每月1次的"社区烦恼茶话会"，邀请社区"两委"共同参加。每月1次的茶话会，都会拟定一个主题，如：我

职工社区的"社造之路"

有话对你说（双方矛盾处理）、你在烦什么（工作烦恼倾诉）、工作需要效率（如何提高工作效率）、活动主题讨论（共同制定社区活动：端午节、重阳节等）。通过这个定期的"社区烦恼茶话会"，成东社工团队和社区"两委"的关系像坐火箭一样急速上升。而这样的变化在茶话会的分享总结会上，展现得淋漓尽致，令人备受感动。

以下专门选取了两位社工和社区工作人员的分享发言：

成东社工小鱼（化名）的分享：

我来宁江社区已经快一年了，这一年里比我年长十几岁的你们，教会我很多。之前有一次我记得是做一个游园会，居民每通关一个游戏就会获得相应的奖券，凭奖券即可兑换奖品，我们成东社工团队原本觉得策划的这场活动很棒，当然活动前半段都很棒，结果问题出现在兑换奖品上，很多老人因为完成不了游戏，奖券不够，但是又想兑换奖品，这就导致他们和部分通关点的工作人员及志愿者"耍赖"要求多发奖券。我们工作人员当然是严格把控游戏奖券了，毕竟奖品有限，如果给予老人多的奖券，对于其他认真完成游戏的老人是不公平的。这就发生了争执。那个时候，有个老人性格很执拗，直接和我动手抢奖券，而其他几个老人则揪着我的衣服，甚至是头发让我动弹不得，我当时就非常生气，考虑他们年龄较大，怕出事，原本打算把奖券给他们的，脾气起来了，就努力和他们争抢。幸亏当时站在我旁边的莉姐用响亮的声音大喊："安静，大家都放手，不要抢了"。老人们也察觉到自己的行为不对，便放手了。发生了这件事，整个活动的场面变得不可控了。我们年轻经验不足，顿时有些手忙脚乱，幸亏在场的莉姐、荣姐等各位哥哥姐姐，帮助我们同老人协商和沟通，否则不知道会有什么不好的状况发生。事后，莉姐告诉我了她的一些经验：虽然活动的出发点是好的，但是你需要考虑到你服务的社区是什么情况，咱们社区是老旧院落，同规则比起来"人情"更重要，所以类似于竞技活动的，最好考虑周到一点，不要出现那种让社区居民有极大落差感的情况。刚才老人同你争执，甚至动手动脚了，你再有道理，也不能推搡老人，毕竟他们岁数放在那里，如果出了什么事情，磕了碰了的话，你有理也说不清。都说老人是老小孩，咱们就要哄着宠着他们。莉姐说的话，让我心里得到了安慰，也学到了很多学校里学不到的经验方法。在这里，我要向莉姐和各位哥哥姐姐们，说一声："谢谢！辛苦你们，也感谢你们的包容和理解。"

社区主任莉姐（简称）的分享：

刚才听了小鱼的总结分享，我既感动又有些惭愧。为什么这么说呢？为我们服务的宁江日照的成东社工们是非常年轻的一群人，他们怀着感恩之心参与社区服务，我作为社区主任非常感动。但是为什么感到惭愧呢？相信在座的大家应该心里都清楚，我们大家之前闹了一些不愉快，每个人都站在自己立场考虑问题，觉得对方有多么不讲道理，却从未反过来思考自己的行为和态度是否为对方造成困扰。而我作为社区书记，对大家这种矛盾没有及时处理，才有了后面一系列的问题，我是很惭愧的。这段时间，我们通过"社区烦恼茶话会"，大家彼此都放下了心结，学会换位思考。在其中一次分享会上，我们也进一步了解了每个人都有自己的烦恼，或大或小，这让我们每一个人的心都更近了，在社区服务中，可以明显感受到效率的提高，这让我感到开心和欣慰，我相信我们携手同行，社区会越来越好。其实，可能成东社工不是很清楚，

职工社区的"社造之路"

我之前反思了一下，也在社区"两委"每周例行会议上有说过一句话：成东社工你们做的很好，做的服务在社区也有很大的反响。我告诉我们的"两委"，我们社区就是做服务的，如果哪一天你们做得比我们好了，我们就可以下岗了；所以插着裤兜看着你们做活动是不可以的，要积极参与进去。当然，成东社工和我们社区在某些方面可能有竞争，但是大家的整体目标是一致的，我们更应该联手合作，让宁江社区成为有爱有温度的社区大家庭。

从先天资源上来看，因为社区既属于政府职能部门监管，又兼具独立自主的权力，拥有超过外来社会组织所没有的先天优势和资源，外来社会组织想要更好地开展工作，需要寻求和依靠部分社区的资源和支持，因此，外来社会组织介入社区服务就必须同社区搞好关系，以便工作顺利开展。正是因为处于较为弱势的一方，所以面对社区提出来的行政工作，"拒绝"这个词是很难说出口的，"积怨"也就在所难免了。从资金来源上看，因社会组织资金来源单一，主要是依靠政府，要想更好地生存下来，就要获得政府的认可。为了提升社会组织在社区及社区居民中的口碑，面对社区要求的工作职责以外的工作和其他不合理要求时，"非原则性屈服"可能是维持与社区良好关系的方法之一。因此，社工同社区的矛盾是必然的。

成东社工团队同社区矛盾的化解，可以看到社工在面对问题时态度是积极的，是想办法解决问题的。当然这个过程中，也离不开社区整体积极推进对社会工作的学习，随着对社会工作专业理解的加深，非常有利于矛盾的解决。通过运用同理心社工理论，和社区建立双向沟通机制，采取"社区烦恼茶话会"的形式，在双方交流沟通中，渐渐缓解矛盾产生的负面情绪，"倾诉和理解"迅速拉近心与心的距离。之所以使用这种方式也是因为我们看到了双方缺乏有效沟通，各自陷入自己所设想的情境中，才导致矛盾逐渐加深。

社会组织面对成东社工团队扎根社区，为社区居民提供服务，必然会遇到"可预见"和"不可预见"的各种挫折和问题，这一切都是不可避免的。社会工作专业本身就非常强调实践经验，通过"产生矛盾""寻求解决方法""执行解决措施"的过程，促使社会组织快速成长，这样的经历是每个一线社工需要的，这样社会组织才能成为一家专业性强、实务能力丰富的机构。

二 "宁江社造"的起步

在2016年期间，成东社工团队在宁江社区逐步推进社工服务，通过"社会组织发展缩影"可以看到：在经济与社会转型趋势下，整个社会随着社会组织快速发展，社区问题和需求的多样性和复杂性，促使政府承担社会事务的职能分化，让政府与社会双方共同承担治理社区公共事务、提供社区服务的责任。

（一）初识"社区营造"

2016年底，成东社工团队为了能够成功申报成都市龙泉驿区发起的城乡社区可持续营造项目，专门开展了一次大规模的社区基线调查。所谓基线调查，也称为基础调查，即在设计项目时对社区现状做一个调查，了解社区现状，以便为设计项目作参照标准。

此次调查采取偶遇抽样的方式，共发放问卷420份，回收问卷409份，无效问卷52份，有效问卷357份，问卷有效性为85%。通过调查问卷，我们发现宁江社区需求总结如下。

1. 文化的需求

（1）社区文化活动参与群体单一性

目前社区在组织开展社区文化活动时，依靠的对象、参与的对象和服务的对象多是老年群体，他们多属于社会的"弱势群体"。而社区中的"强势群体"（在职中青年或学生）却参与不多，造成社区文化活动参与群体的单一化，文化活动的功能未能真正体现。

（2）社区文化认同感仍需加强

宁江社区文化的主要构成部分为"三线建设"特色文化、兵工文化，社区居民对自身社区文化的认识尚处在浅薄的认识中，自我文化认同感和归属感仍需通过各方面来宣扬和加强。

（3）社区居民参与度仍待提高

宁江社区是十陵街道特色示范社区，社区居民参与社区活动、社区治理的参与度还是不错的，但由于社区居民及社团骨干自身能力的不足，可能对于自己发现问题并解决问题的能力仍需要社工利用专业方法来提升和升华。

2. 环境的需求

（1）社区公共活动空间不足

宁江社区现有居民楼房29栋，并建有成都市五六四医院、小学、幼儿园等事业单位，面积仅有0.24平方公里，加上社区内居民较多，供居民室内娱乐的空间比较有限。

（2）社区绿地环境困扰

社区的植被较多，每栋楼下都有绿地。但是常年未进行修剪和园艺设计，显得脏乱差，绿地未进行良好的规划和利用。

（3）宠物粪便问题

宁江社区老年人较多，大多有豢养宠物的习惯，因此社区内经常出现宠物粪便，给居民造成了很大的困扰。居民对于宠物粪便问题非常关注，除了需要得到相应解决措施以外，更重要的是居民本身文化素质也亟须提高。宠物粪便问题归根到底体现了饲养人是否注重公共卫生的素质与意识培养。

（4）生活垃圾处理

社区内有住户2037户，居民8000多人，产生的生活垃圾较多。特别是厨余垃圾味道较重，对居民的影响很大。社区内没有设立专门回收废旧电池的站点。如果废旧电池处理不当，对我们的生活、土壤等会带来严重的后果。

3. 社区治理的议题

（1）社区安全隐患

社区小轿车数量较多，但是只有一处临时公共停车场，导致社区内车辆乱停情况时有发生，经常有车停在道路两旁，本身不太宽敞的路面变得更加狭窄，这对社区老年人和儿童出行造成了安全隐患。

（2）社区流动人口管理困难

社区流动人口近2000人，因工作原因，户口所在地不在本社区，加之自身素质不够，大多来自外地的流动人口对社区的参与和治理方面积极性不高。

成东社工团队因为是第一次撰写社区营造项目，以上社区需求情况，为成东社工团队提供很多思路。借鉴了台湾地区社区营造的部分经验，大家在讨论如何设计项目时，决定将"社区公共空间营造"放在首位，在建设"社区公共空间"的同时，注重培育"居民参与"，坚持"自组织培育"的导向，社区协同社会组织和社工，以"三社互动"项目为平台，通过培育自组织开展社区各类活动，为社区进行各类服务。之所以这么重视社区自组织培育与孵化，也是因为通过基线调查发现社区的需求多样，但是社工和社区提供的社区服务毕竟有限，无法包揽解决这些问题。而初次接触"社区营造"也是通过一个上海社工机构的微信公众号"利群社工"了解到的。这里面提到了一个关键点"居民参与，居民自治"，自组织的培育能够很好地帮助社区解决各类问题，如"生活垃圾""宠物粪便"等。正因为这个思路，让成东社工团队项目申报成功。这不仅是成东社工团队申请到的第一个社区营造项目，也是成东社工团队第一次实施社区营造项目。

说到成都市"三社互动"的背景，要追溯到2013年4月，在温江区召开的成都市"三社互动"工作启动会上，成都市要求各区县仿效温江模式，在试点社区中进一步探讨并加快形成以"三社互动"为主体的基层治理社会管理创新工作格局。在这样的大背景下，2017年1月开始正式实施2016年底申请的成都市龙泉驿区2016年城乡社区可持续营造项目"居民自治，共创魅力宁江"——宁江社区居民自治综合项目，这个项目又称"三社互动"项目。项目资金有30万元，另有社区配套资金1万元。

（二）初涉"宁江社造"

在政府的大力推动下，社区积极配合下，成东社工团队积极推动"三社互动"的项目开展。因为是初次承接社区营造项目，成东社工团队专门聘请了社区营造督导老师提供专业支持。"三社互动"项目的实施内容十分丰富，包括社区公共空间打造、社区自组织培育、社区志愿者团队建立与打造、社区老年协会的管理。下面将针对这四大版块，分别选取一些比较重点的事件进行阐述。希望通过这些事件，能够让大家了解到成东社工在初步接触"社区营造"时面临的困惑和由此获得的成长。

在项目前期（2017年1月1日~2017年4月30日）主要的工作重心就在如何打造"社区公共空间"，如何介入"社区公共空间"的营造。这是整个团队遇到的第一个社区营造问题。

首先，分析一下介入社区公共空间之前的现状。

宁江社区供社区居民活动的室外公共空间和室内公共空间比起来，设施条件是比较齐全的。社区自组织和社区老年人受室内公共空间限制，只能到宁江社区四楼的活动室开展休闲活动。社区四楼活动场地是水泥地，空气流动差，不利于老年人日常活动和身体健康，因此使用率较低。加之，社区日间照料中心活动空间也十分狭窄，并不适合开展人数太多的活动。打造"社区公共空间"是在社区自组织、社区老年人及其他社区居民急需供大家活动的公共空间的情况下开展的。

但是，究竟如何介入社区公共空间的营造，既能满足居民需要，又能通过公共空间打造在一定程度上唤醒居民参与的意识？

针对这个问题，成东社工团队在第一次社区营造督导会议上，领悟到"社区公共空间"的营造过程不能完全借鉴台湾地区社区营造相关经验。因为团队在同社区居民动员和沟通的过程中发现：宁江社区居民原属于国营军工企业，已习惯政府和宁江厂为他们包餐饮住宿、包物业管理等一些生活事宜，加之，宁江厂迁至龙泉驿区柏合镇经济开发区，社区年轻群体外流至城区，社区群体多属于中老年群体；要想动员居民参与，针对这种普遍是老年人的老旧院落，也许聘请一个专业的装修设计团队对介入公共空间进行设计和打造会比社区骨干"自己设计"更适合，宁江社区的"社区规划师"可以先从基础培养。基于此，从社区骨干和居民代表的需求入手，通过民主议事会一步步带领其他居民参与。

职工社区的"社造之路"

在项目前期执行中，团队联合社区邀请了三位设计师设计活动室，结合从居民那里收集的各种需求，让三家设计师分别给出自己的设计方案和设计稿。并在"社区公共空间"议事会上进行公平公开的投票表决，会上居民对于起初的选址存有质疑：认为宁江日照旁的车棚处在两栋居民楼中央，如果活动室建好了，各种舞蹈队、合唱队等排练节目的声音难免会成为噪音，不利于居民休息。于是原本决定表决选择设计图纸的主题，暂时放在下一场议事会上进行。在社区骨干及其他居民代表的热烈讨论中，最终一致决定将活动室建造地址选在社区广场，虽然可能会压缩居民的室外活动空间，但综合考虑后大家认为社区广场还是会优于车棚。第一次议事会的成功召开，让社区骨干和居民代表们感受到了一种"参与"的喜悦。第二次的议事会，问题得到了很好的解决，大家投票选择了自己心仪的活动室设计方案和设计图纸。

根据选择的设计师及最终方案，进行了项目的招投标。在招投标过程中，全程接受社区监督委员会的监督，这个监督委员会由社区"两委"及社区骨干组成。在这个过程中，监督委员会成员对相关事项不是特别了解，但通过查阅相关资料、咨询相关专业人士，充分展现出居民骨干为居民做实事、办好事的精神，也提升了居民参与的能力。

在建设工期中，居民监督委员会在成东社工团队的引导下成立了监督小组，制定巡查监督时间安排表和监督机制，定期对工程的进展和质量进行监督，实时给社区和社会组织进行报备。监督小组也取得了很好的成果，如在舞蹈室的镜子安装时，发现安装的镜子使用不便，监督小组及时发现，给社区和社会组织讲明情况。社会组织联合社区和建设公司，经过多次协调，重新安装，最终达到了使用标准。在这样负责任的监督下，公共空间顺利完工，但是社区公共空间的打造并没有结束。

在督导老师的建议下，原本打算自己揽下室内装饰工作的成东社工们，将室内装饰也设计成了动员居民参与的系列活动。首先，成东社工团队通过社区进行宣传招募，成功召集了7名社区财务监督小组成员，整个监督小组由2名社区"两委"工作人员和5名自愿参与社区事务的居民组成。然后，组织开展了第一次社区财务监督小组活动，根据室内设计师的方案，在财务预算控制范围内，共同讨论并确定采购物资清单。紧接着，社区财务监督小组负责进行相关室内物资的采购活动。在采购中，小组成员积极负责，顶着酷暑天气，仅半天时间就采购完毕。为了进一步动员更多的居民参与，成东社工加大宣传力度，动员社区的居民，发起了关于"公共阅读空间"和"公共绿色空间"的倡议，倡议居民朋友们参与到新建公共空间的阅读和绿植的打造中来，在倡议发出的第二天，就有部分热情的居民参与其中，成东社工团队收到了26盆绿色植物和312本书籍。正是有了社区居民的积极参与，"社区公共空间"的营造才是真正意义上的成功。因为在这个过程中，"人"的改变是看得到的。

居民参与公共空间营造的主体是社区、社会组织（社工）、设计师、居民，重点在于居民。首先是他们的需求，需求是导向；其次，参与意识是基础、参与行为是重点、参与能力是保障；居民参与公共事务中，也许有些方面的能力较弱、行为较少，只要有参与意识，社区、社会组织加以赋能，做到充分沟通，公共事务就能得到较好的解决。

"社区公共空间"的成功营造可以算是成东社工团队初步介入社区营造的一次活动。整个过程都是在不断参考学习台湾地区与上海市的优秀社造经验，也在进一步实施过程中体会以居民为主体的社区服务。在之前讲述的第一次议事会上，当时成东社工看到居民踊跃发表自己的意见，虽然在某种程度上超出了议事会本身的主题范围，但是成东社工认为这场会议并没有失败，反而是一种成功。因为居民由最初的被动变为主动，这就是"人"的改变，是社区营造最想要看到的场面。

图 1 "社区公共空间"营造的成果

需要特别注意的是，"社区公共空间"的营造整体费用大部分由成东社工团队申请的"三社互动"项目提供，和台湾地区的社造不同，发起主体是社会组织，而不是社区居民本身，社区居民在这个过程仅能算是间接参与。这种"社区公共空间"的营造还算是社区营造吗？这个时候的成东社工团队对此是有疑惑的，因为空间打造的发起主体如果不是社区居民本身，"社区公共空间"的营造是否是真正的社区营造？是否偏离了"社区营造"中提到的居民自主参与的原则？在督导老师解惑后，成东社工认识到本次"社区公共空间"的营造过程，是一次社区营造的过程。因为社区居民虽不是发起的主体，他们却是全程参与的主体，发起主体是否为社区居民，其本身并不是界定社区营造的关键所在，社区营造的关键在于居民是否发生改变？是否具备参与社区活动与建设中所应具备的能力？是否在拥有能力的情况下，愿意且积极地参与到处理某个公共问题的行动中？在本次"社区公共空间"的营造中，社区居民在参与意识上，确实增强了社区居民对社区公共空间的创造和认知；而且社区居民在共同利益和需求的驱使下，在间接参与过程中，逐渐培养和建立了社区居民对社区的情境认同和情感纽带。"人"的改变才是社区营造最重要的。

在"社区公共空间"打造的同时，社区的自组织招募和培育也在进行中。虽然成东社工团队在运营宁江日照和执行社区公服资金项目期间，已经不同程度上接触到了各种社区自组织队长，但是随着"社区公共空间"的营造，动员社区骨干参与，成东社工团队对自组织的认识有了进一步提升。成东社工团队发现宁江社区一直有个宁江社区老年协会，协会里成员众多，而且拥有较为广泛的群众基础，但由于多方面原因并没有得到很好的发展。

成东社工团队经过进一步调查了解发现，主要原因是：

1. 老年协会成立之初，虽有规章制度，但是执行情况不好。

2. 老年协会在社区的支持下，虽定期聚集开会，但由于成员的不固定和缺乏合格的领导者等原因，开会逐渐变成一种"形式"，而非共同解决问题。

3. 老年协会的骨干成员自身能力不足，在活动的策划和准备等方面，依然依靠社区"两委"进行策划和筹备。

4. 老年协会多以社区娱乐活动为主，主要成就也只在社区的休闲娱乐方面有所贡献，并未真正形式多元的帮助社区构建美好家园，在一定程度上限制了它的发展壮大。

为解决以上问题，释放社区老年协会的力量，成东社工团队分别从两方面入手：一是向社区征集志愿者，培育社区志愿团队；二是召集老年协会自组织队长，建立有效议事机制，培育各方面的能力。社区志愿者队伍的建立，有助于协助社区解决更多问题。为了动员更多的居民参与，在社区

职工社区的"社造之路"

　　组建和培育社区志愿者团队的整个过程中，成东社工分别在宁江社区单身花园、单身广场定点宣传招募，并将志愿者招募的标准制定的很低，比如：身体健康、热爱公益等；也充分利用了社区周边资源，同长江职业学院的学生社团联系；借助多种手段的招募，吸引了大量的社区居民和大学生的持续加入，短短3个月的时间，志愿者团队由最初的10个人扩大到70个人。志愿者的招募仅是第一步，为了巩固志愿者团队，成东社工团队分别针对社区志愿者和大学生志愿者开展了团建活动。在几次团队建设后，明显能够看到这些志愿者们彼此变得更亲近，参与活动也更积极了。

　　老年协会的重新组织与建设，能够帮助社区唤醒社区自组织的新活力。据了解，宁江社区老年协会的自组织有9个，都属于娱乐健身类。老年协会成员是各个自组织的队长，老年协会会长、副会长则是由这些自组织队长公开投票选举。在成立初期，老年协会组织良好，也取得了不错的成绩。不知从什么时候开始，会长和副会长的关系变得微妙，随着双方在小事件的摩擦不断，问题变得严重起来，于是以会长和副会长两人为分界线，老年协会被分立成两派，活动的开展变得不顺利了，但是社区却没有察觉到问题的严重性。在一次摩擦中，双方的矛盾终于爆发了，副会长公开拒绝会长提出的所有活动意见，并且拒绝协助会长组织活动。会长也并未委曲求全，各自开展自己的活动。于是，老年协会不再是团结合作，每次的会议变成例行公事。

　　成东社工主动同社区工作人员面对面沟通，并分别同每个自组织队长交流，希望能够参加老年协会的定期会议，用社工的专业方法，帮助解决双方冲突。在征得双方的同意后，成东社工参加了老年协会的一次会议，这次会议的内容主要是商量最近需要举办的活动。在本次会议里，成东社工观察到会长和副会长互相看对方不顺眼，活动的安排也总是相互推脱，且为了己方的利益绝不相让，这让全程会议的气氛十分压抑，其他自组织队长也为了

217

各自的老大互相争论，言辞激烈。在这样的情况下，成东社工几次想插手调停，但都被双方的说辞给怼了回去。社区"两委"看到争吵变得激烈后，立刻宣布会议结束，请双方队长留下来，私下沟通。成东社工都很年轻，在面对突发性的冲突时，很难有经验的采取合适的方法解决问题，这也是我们的缺点。在社区的指导下，会长和副会长被召集到一个房间谈话，同时也同其他队长交流，为了更加客观的了解事实的真相，多方还原事情的真相是十分必要的。在会长和副会长的各自阐述中，我们发现会长和副会长均属于个人情感特别重的人，他们之所以能够带领这些社区自组织也均是个人魅力。那么"人情"味很重的他们又是什么原因导致他们的关系变得紧张起来了？在其他队长的描述中，发现矛盾起初都是由很多小事累积引发的，比如：副会长经常召唤自己身边关系近的朋友参加活动，获得更多的奖品；会长安排活动的分工不公平，并未照顾到副会长这边的情况；副会长去购买活动物资总是叫上自己的亲人，会长对经费的合理使用产生怀疑，副会长认为会长不信任自己的人品等，这些小矛盾才最终让双方撕破脸皮，当场互怼起来。社区和社工也召开讨论会，商议如何解决双方的矛盾。把老年协会的会长和副会长聚在一起经过3次协商沟通后，会长和副会长双方一致认为：老年协会不能因为他们的私人矛盾而影响老年协会的团结。于是，在后来的一次老年协会会议上，会长和副会长双方在会上各自承认了自己的错误，并共同辞去了会长和副会长一职。会上，所有人反思了自己的问题，氛围变得融洽起来。很快社区老年协会的制度重建、会长和副会长选举会议提上了日程。这些会议，都是由社区和成东社工团队共同组织策划，为了加强老年协会的管理，特别将监督机制写进了老年协会的规章制度里面：1.老年协会的经费使用均采取"每分两报"即 报居民， 报财务，以及"凭票报销"，即凭发票和票据才可报账。2.成立财务监督小组，负责监督老年协会成员采购物资、报销费用等工作。在经过老年协会部分成员的重组后，培育老年协会队长的能力成为重心。针对老年协会的队长和骨干成员先后开展了关于"老年协会议题讨论""老年协会活动策划能力建设""老年协会行动力培训"等活动。在此期间，为了促进老年协会成员的关系，成东社工也特别开展了几次团建工作，并将新成立的志愿者团队也纳入老年协会里面。每次的志愿者活动也积极动员老年协会的其他成员参与，逐步拉近了老年协会和志愿者团队的关系。

2017年龙泉驿区社区营造项目在长达1年的时间里，通过成东社工团队的"公共空间的营造"行动让社区焕发出了新活力。并为社区培育了合唱自组织和环保自组织，也开展了坝坝会——朗读者系列活动，发动了社区不同年龄层次、不同文化背景的居民参与；同时，在招募并培训志愿者、社区老年协会的重建与管理、邻里互助社的成立和儿童青少年暑假夏令营的活动中，成东社工团队联合社区"两委"工作人员和大学生志愿者，全力支持并加入服务中，真正做到了各个社区群体的参与。

2017年，对于以宁江日照为辐射点的成东社工团队而言，是一个快速发展和成长的一年。这一年"三社互动"社区营造项目所取得的成果虽然获得了社区和区政府的大力支持，但是成东社工团队并没有感到满意。

成东社工团队总结到：

1. 社区营造的整体效果虽然显著，但在项目设计过程中，成东社工团队犯了一个项目大忌，即想要实现的目标太多，在短时间内则是很难实现的。因此本项目在对培育自组织进行系统的能力建设方面存在很大问题，对于培育的自组织的持续性也不够。

2. 社区志愿者团队建立的难度比成东社工团队想象中容易，而正是这份容易让成东社工们并未思考更多。社区志愿者团队在项目执行期间能够获得很多参与活动的机会，但是随着项目结束，社区志愿者团队的可持续性究竟该如何保持？

3. 项目虽在动员社区居民参与方面取得了好成绩，但是针对社区急需解决的一些环境问题，并未从培育社区自组织层面去动员社区居民参与到社区环境保护、社区治理等方面。

4. 在一定程度上，本次社区营造项目的居民诉求是由社会组织发起的，居民的参与能力并未达到能够动员自身资源和政府沟通协商的程度；参与意识也并未达到"社区是我们大家的，参与社区营造也是所有居民的权利与义务"的高度。

成东社工团队在社区营造的各方面能力还有待提高，需要经过系统的培训和学习，了解什么是真正的社区营造？如何才能够真正让社区居民自下而上地参与到社区治理，解决社区问题？

三 "宁江社造"的发展

随着成东社工团队在宁江社区的社区营造持续进行，社区营造的能力不断提升，在2018年申请了龙泉驿区社区营造项目，本项目是2017年"三社互动"项目的延续。项目首先是从宁江社区"三迁三入"为切入点，以朗读者活动为载体，居民的参与意识和参与能力为出发点和落脚点，用小组工作的方法对社区"两委"、社区自组织、社区骨干进行能力建设，弥补了2017年"三社互动"项目在培力社区及自组织方面的不足。

（一）路径发现——宁江"三迁三入"历史

在设计2018年社区营造项目的时候，成东社工用两年的时间发现宁江

职工社区的"社造之路"

社区的社区居民们对曾经宁江厂的历史如数家珍。

宁江社区是宁江山川机械有限责任公司（以下简称"宁江工厂"）的职工社区，搬迁至成都市龙泉驿区十陵街道已有二十年的时间。宁江工厂的历史可以追溯到20世纪60年代，国家启动三线建设，将国防军工产业批量转移至西部地区。1965年，为响应毛主席和党中央号召，老宁江工厂（沈阳724厂）职工支援三线，在四川包建一个企业。1965年和1966年这两年时间，上千名建设者分成十几批次相继前往四川省涪陵地区南川县（现隶属于重庆市），不到半年时间建成了宁江工厂。宁江工厂隶属于中国兵器装备集团公司，是兵装集团汽车减震器研制生产企业。历经国营企业转型阵痛期，宁江职工秉持着永不言弃的"三线精神"，于1992年，成功实现民品产值占全厂总值的100%。

宁江工厂最先在东北，经历了从东北搬到重庆南川，又从重庆南川搬到成都龙泉驿区十陵街道，2017年8月，集中搬至龙泉驿区柏合镇经济开发区。这"三迁三人"的历史让宁江社区变得与众不同，宁江"三线精神"是这个社区的灵魂。基于此，2018年的项目成东社工团队有计划地针对社区"两委"、社区自组织和社区能人进行能力培育和建设。

（二）能力培训——策划与执行

"三老搬迁故事会"小组工作，针对社区党员和社区能人，分别从参与式预算与培训和参与式预算与操作两方面入手，让社区"两委"、社区自组织以及社区能人学习制定一个社区目标后，在控制预算的情况下，如何策划一场活动以及如何执行一场完整的活动。本次小组活动，让小组成员策划了两场活动，在经历了前期需求调查、确定目标、制定解决方案，到具体执行的阶段，成东社工明显感受到了小组成员的进步，尤其是小组成员对于自己所在社区存在问题是非常敏锐的，他们拥有了发现社区问题的眼睛，正是这个小组，让他们不再停留在批评社区的阶段，而是着手解决社区问题并付诸行动。

"以爱围家"搬迁故事会小组工作，针对社区"两委"和社区自组织队长，从宁江社区"三迁三入"的历史入手，回顾社区历史，寻找社区美的角度，通过让社区"两委"和社区自组织策划的两场"朗读者"活动，收集到10个来自社区居民自己撰写的社区历史故事文章，他们朗读着自己撰写的故事，感染了社区居民，加深了居民对社区文化的认可，宣扬了一种独属于宁江文化的不屈精神。

（三）宁江社区"社造"成果

成东社工团队在宁江社区两年的"社造之路"，让宁江社区成为龙泉驿区十陵街道的示范社区，不仅从街道层面获得了称赞和认可，也使社区得到了市民政奖励的社区建设资金。有了这些资源，宁江社区建立了属于自己的党群活动中心，社区居民拥有了自己的活动室，未来也即将建立属于自己的"宁江记忆馆"。而成东社工团队的自组织培育也是社区的自组织，从之前的9个，增加到15个，自组织的类型丰富多样，增加了手工小组、环保互助小组、志愿者小组、社区合唱团、二胡队等。社区微基金的建立给予了社区自组织可持续发展的资金支持，每年的社区微基金均是社区自组织通过公益众筹得到的。目前，社区自组织在社区老年协会的带领下，能够独立策划活动，举办活动，参与街道乃至龙泉驿区的各类比赛，甚至自组织能够独立承办街道层面的大型文艺表演活动。社区自组织也成为典范，到其他社区进行交流、传授经验，包括如何筹集自组织经费，参与社区治理，解决社区问题等。社区居民的参与度广泛提升，资源得到充分利用，居民能动性得以发挥，整个社区的环境治理发生翻天覆地的变化，每个楼栋下面，都设立了垃圾回收点，居民朋友们学会了垃圾分类，居民的素质也显著提升，随手乱丢垃圾的现象明显减少。

结束语

成东社工扎根社区的两年时间，从开始的迷茫和战战兢兢到现在的坚信和勇敢无畏，都是源于对社会工作的热爱与坚持。相信很多扎根社区的社会工作者都和成东社工一样，面对社区的不理解时，内心也有过埋怨和委屈；面对社区居民的不讲理时，内心也有过放弃；这些困难都是作为社工必须经历的，这种经验是无法在社工理论和书本上获得的。"社造之路"虽然走的跌跌撞撞，但正是曾经的波澜，才有了如今的壮阔。希望我们的"社造之路"能够给予你们一些力量和感悟，让我们携手同行，不忘初心。

我们所理解的社区营造

城市老旧院落的社区营造从进入到开展阶段是一个贯穿始终的、需要思考的持续性过程。社区营造是一个创造性的、链接资源的过程。它摆脱了以前僵化的执行项目的模式，需要"社造人"不断去思考、挖掘社区的资源，整合这些社区志愿者，让其成为社区治理方面很重要的可持续的社会资本。社区营造需要居民不断地参与进行交流，居民"行动力"的提升过程意味着居民参与社区治理的意识觉醒，也有利于社区整体环境的改变。

社区故事写作者：周琳，2015年乐山师范学院社会工作专业毕业，一直在社工行业工作，现任成东社工团队负责人。

案例供稿机构： 成都市龙泉驿区成东疗养院

龙泉驿区民政部门于2002年批准成立，位于龙泉驿区十陵街道太平村三组，是集机构养老、社区养老、居家养老、医疗康复、餐饮娱乐、购物旅游、养老评估为一体的社会化养老连锁机构。2016年成东社工团队随着十陵各个社区日照中心建立而成立的，结合成东社区日照平台打造专业社工团队，致力于成为一支实践经验丰富，为社区提供专业化服务的团队。

"我爱大樟树"：营造空间 营造新愿景

——成都市金牛区金沙路社区

◎ **引语**

　　这里以前叫作白骨塔，埋葬着在解放战争时期牺牲的烈士。一棵大大的香樟树就生长在这白骨塔中间，这是一棵用无数先烈的鲜血浇灌过的英雄树。现在院子不像以前那样光鲜，居民的楼道越来越陈旧，违章搭建越来越多，花园里杂草多了，树木也枯死了，居民的幸福感一天不如一天。数十年来，我们金沙路社区和居民的很多活动都习惯在这棵大樟树下的小广场举行，这棵英雄的大樟树，带给了我们很多的欢乐时光，给予了我们太多太多的归属感和认同感。我们爱大樟树，我们爱我们的院落。

——来自大樟树院落居民口述

◎ **案例概述**

　　金沙路社区是2010年9月由原金沙路社区和原为民路社区合并成立。其中位于金沙路的73号院落是该社区最大的一个老旧院落，大院内因院中心有一棵大樟树为居民提供了很好的纳凉和聊天处所而得名大樟树院。

　　楼道卫生需要改善、楼道墙面需要翻新、楼宇空间需要营造、居民自治能力有待提升是小区亟待改善的四个方面。在73号院落中居住的居民虽有一定的自管力量，但自管能力不足，有些楼道堆放杂物，导致楼道卫生差，老人爬楼梯没有休息的地方，楼道墙壁年久失修，牛皮癣广告铺天盖地等问题。这些问题严重影响小区居民的居住环境，同时，由其带来的附加问题——邻里之间冲突频发，急需进行整治。

图1 院内的大樟树

"我爱大樟树"项目拟用3年左右的时间分三步实施，持续改善金沙路社区73号大院的楼道面貌和整个院落的绿地环境状况，通过组织居民开展楼道空间和院落绿地环境的自治理，持续营造良好的居民自治生态，探索城市社区老旧院落实现永续自治的运行机制。同时，为该院落孵化培育一支具有自治能力的自组织，并在此基础上开发社区产业，探索社区自组织的可持续发展模式。

"我爱大樟树"：营造空间 营造新愿景

一 案例背景——改造空间，重聚人心

社区是居民社会生活的共同体，是经济社会发展的基本单位，也是社会工作诞生和演绎的重要实践场所。在工业革命浪潮席卷西方世界的19世纪，社会工作的探路者们就已经敏锐地察觉到社区的巨变：人际关系疏离化和公共空间碎片化，冰冷的工业狂想曲代替了温情的乡土田园诗。从慈善组织会社到睦邻组织运动，贯穿其中的皆是对社区再造的追寻。而当下的中国，正经历着比19世纪更为凌厉的城市化转型。

自党的十八大以来，在国家新型城镇化战略的推动下，各类新城新区的建设已经成为拉动国民经济发展的重要引擎。而在城市化进程中，城市新兴社区正如火如荼般涌现。城市新兴社区具有年轻化、多元化、陌生化的特征，人际关系疏离、邻里关系淡漠和公共空间缺失等社区问题日益显著，新形势下的社区治理面临着艰巨的任务和挑战，社区发展和社区营造正成为当下社会工作理论和实践探索的重要领域。对于社区营造概念，不同学者有不同的解释，但大多数学者认为社区营造应是政府、社区、社会组织三位一体，协力作用于社区发展。台湾学者夏铸九[1]认为社区营造其实就是社区的培力与维权，是一种提供资源，收编社区动员，交换地方治理的正当性，构建新政府与民间的关系的政策。

社区营造行动强调社区和社会组织合作，社会组织发挥专业杠杆作用，带动居民共同参与，在这个过程中，培育社区自组织带头人、激发和转化社区自组织、提升居民公共素养、关注社区公共利益、协商寻求社区共识。2018年是成都市进行城乡社区可持续总体营造行动计划的第三年，9月2

---

[1] 朱蔚怡、侯新渠编著《谈谈社区营造（上）》，社会科学文献出版社，2015。

日，成都市城乡社区发展治理大会召开，大会深入学习贯彻习近平总书记关于城市工作和社区发展治理的新思想新理念新要求，全面落实中央城市工作会议、全国城市基层党建工作经验交流座谈会和省、市党代会精神，加快转变特大城市发展治理方式，探索构建国家中心城市治理体系，努力建设高品质和谐宜居生活社区。随着市民利益日趋多元化且更加注重生活质量，对人居环境的改善也提出了更高要求：老旧城区改造、背街小巷整治、特色街区打造、社区服务提升、平安社区创建等一系列社会基层治理工作变得愈加重要。而成都市的社区营造工作正是社会基层治理工作的一个独特注脚。

在成都社区营造项目中，包含了部分硬件改变，比如可视地景营造、社区花园、墙绘、阳台美化等，而有些项目是以服务切入，比如以为老服务和儿童服务切入。根据社区特色，分别从单一的不同角度切入，通过社区居民参与公共事务，凝聚社区共识，提高社区的自主能力，让各地方社区建立属于它自己的文化特色，使空间美化，生活质量提升，文化产业经济再复苏，进而促使社区活力再现。在这个深层含义中，关键词是"参与"和"公共"。本案例主要是以居民关系和社区文化环境、社区居民生活环境为切入点的营造。

楼道是距离社区居民最近的一块公共区域，是与居民私人化生活空间有着极高关联性的公共空间，也是个人与个人、家庭与家庭最直接、最频繁的社会互动空间。金沙路社区位于抚琴街道营门口立交桥东北方向，为2010年9月由原金沙路社区和原为民路社区合并成立。辖区有居民院落62个，多为无物管的老式旧居民院落。社区东至金沙路，西至二环路北一段，南至营门口路，北至沙湾路，总面积0.8平方公里，有老国际会议展览中心、四星级酒店加州花园酒店和成都市第四办公区等企事业单位40余个，现有居

"我爱大樟树"：营造空间 营造新愿景

民近8000户，居住人口达2万余人。

本案例依托成都市金牛区百事可托服务中心的全程实施。项目根据该机构前期对小区的调研分析，以金沙路73号院落的部分楼栋为示范点，计划用3年左右的时间对该小区的楼宇空间和院落环境进行整治和营造，第一年实现对小区的部分楼宇空间进行营造，第二年实现对小区的院落环境进行营造，并协力自组织继续进行楼宇空间营造，第三年实现协力自组织开发和培育社区产业，实现项目的可持续性营造总体目标。通过三年的努力，全面提升小区居民的自治能力，并在此基础上协力居民培育小区产业，实现小区的长治久安。

二 对症下药——居民对社区认同感较弱是社区问题产生的根源

居民对社区的认同感和归属感是和谐社区建设的核心要素，传统意义的社区认同感和归属感建立在社区居民共同的生活经历和文化背景之上。随着社会结构加速转型、城镇化进程深化推进，人口流动性加剧，基于居住地选择的社区邻里关系逐步取代计划经济时代"单位制"熟人社会，陌生人社区已经成为城市社区的主要形态，传统意义的认同感和归属感的形成基础正在逐步瓦解。在73号大樟树院落中，时间的变换，时代的发展，对社区认同感的减弱是导致居民对社区环境维护和自管能力下降的主要原因。要改善楼宇空间环境，提升社区居民对小区的认同感和归属感是第一步。

一方面，"互动"是培育社区认同感的重要手段。通过各类社区文化活动构筑互动平台是提升社区认同感的有效手段[1]。另一方面，社区认同

---

[1] 袁媛，张志君，刘菁：《基于城市社区文化建构的社区认同感培育研究——以厦门市典型社区规划为例》，《西部人居环境学刊》2015年第1期，第5页。

感提升的核心在于提升公共设施与空间的需求供给，如果居民的诉求表达渠道畅通，他们的需求能得到有效的回应与满足，居民对社区的认同感就会上升。

为了了解居民需求，我们在居民楼下开展了"我说我楼"主题活动，采用开放式空间会议技术和卡片法深入院落调查楼道存在的问题，充分了解居民的需求。在"我爱我楼"主题活动中，运用开放空间会议技术让居民充分讨论并分析楼道问题对居民造成的不利影响，增加其营造楼道的决心，制定出居民楼道的自治公约和治理营造方案。形成居民决议，同时进行后续团体活动创意。通过分析发现，73号大樟树院落中居民主要有四个方面的需求：第一，楼道卫生需要改善；第二，楼道墙面需要翻新；第三，楼宇空间需要营造；第四，居民自治能力需要加强。后文将以上四个方面的需求做具体分析。

为增强居民对社区的认同感，社工引导开展各类社区文化活动构筑互动平台。在73号大樟树院落中，大樟树是整个活动的中心，是居民对社区认同的"互通点"。以大樟树口述史为主题的系列社区文化活动，营造出了邻里相亲、和谐共融、有温度的院落氛围，在增强居民认同感和归属感的同时，激发居民的参与意识。2017年9月至2018年4月，社工引导居民连续开展关于大樟树的"寻根追源"、"美好印象"老照片征集展示、"幸福笑脸"公益摄影、"风姿绰约"彩绘、大樟树故事分享和"院落自治倡导签名"等主题文化活动。其中，大樟树下居民的幸福笑脸，是项目开展过程中的特色环节。通过社工为居民拍摄在大樟树下的幸福笑脸，很好地展示了大樟树院落居民的幸福风采，也同时唤起了居民与大樟树之间的幸福记忆，从而提升了居民的幸福感和获得感，增进了居民对院落的归属感和认同感。

三 行动起来——改善楼道环境，翻新楼道墙面，营造楼宇空间

楼道的卫生环境是居民自管能力与对社区认同感、归属感的外显表现。更为重要的是，首先，保持社区楼道卫生能加强社区环境卫生管理工作，能为社区营造一个洁净的舒适环境，提高人们的健康水平，避免细菌滋生，危害小区居民生活及身体健康，从而使社区居民能在一个干净整洁的环境中生活。其次，小区楼道属于公共消防通道，是广大居民日常出行的唯一通道，如果在楼道私自堆放杂物，既影响了居民的进出通行和整体环境，同时也存在安全隐患。当发生地震、火灾等灾害的时候，严重影响了他人逃生。还有一些居民在楼道放置花盆、木箱等，发生居民被绊倒摔伤、衣服刮破甚至刮伤等事件。最后，由上述因素引发的邻里关系恶化，和谐社区很容易土崩瓦解。

翻新楼道墙面，营造楼宇空间，是为社区居住环境渗入更多的文化要素，增加居民之间互动的有效方式。给居民提供一个健康、干净、整洁的社区环境，同时以小区内的楼道治理为切入点，在小区的楼道得到治理、楼宇空间得到营造的同时提升居民参与小区治理的能力，改善居民的居住环境，提升居民的生活品质，普及社区营造理念，树立老旧院落治理的示范效应。为此，2017年9～12月，社工引导居民连续开展"自扫门前雪"楼道清理、"畅通楼道"大物清除、"牛皮癣"大清除和"健胃洗尘"等1～4次楼道整治活动，依照1+X依次递增法组织成员参与，为组建领袖团队提供展示平台，同时发现团队潜在的目标领袖。2018年1～4月，协力服务对象中发现的潜在目标领袖，开展"旧貌换新颜"楼道粉刷、"我的空间我做主"和"新空间、新气象"等5～7次楼道整治活动，让目标领袖充分发挥引领作用，扩大目标群体对潜在目标领袖的认可。

为持续提升社区居民的自管能力和对生活环境的治理主动性，在楼道治理类公益积分活动中运用志愿者积分卡的形式，以1积分兑换1元的商品为兑换标准，志愿者通过参加志愿活动累计积分。对表现积极的居民通过评选"最佳志愿者"的形式进行表彰，建立激发居民参与楼道整治和楼宇空间营造的激励机制。目前，参与志愿楼道治理类公益积分活动的人数有40余人。

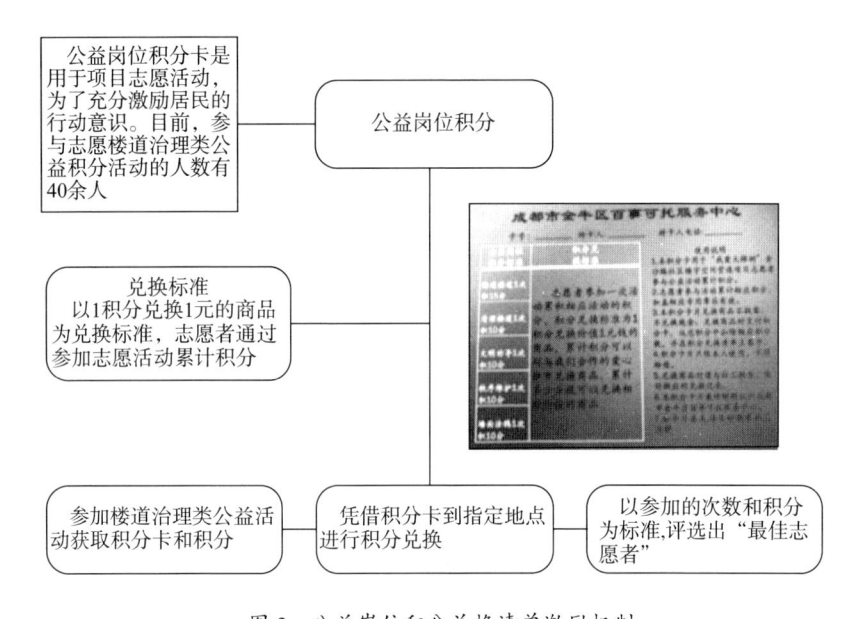

图2　公益岗位积分兑换清单激励机制

四　实现可持续发展

居民自治作为社会治理的基础，在我国城市治理体系中具有重要地位，

"我爱大樟树"：营造空间 营造新愿景 ●●●

对社会和谐稳定关系重大。如何发挥城市社区居民的积极性与主动性，优化社区组织，以达到提高居民自治水平、实现多元主体参与的基层社区治理模式一直是社区治理值得思考的问题。提升73号大樟树院居民的自治能力，发动群众力量做好社区管理，是治理社区的"治标之本"。

自组织孵化培育产出。在前述分析中，案例分析了项目的目标，不仅是要通过组织居民开展楼道空间和院落绿地环境的自治理，持续营造良好的居民自治生态，探索城市社区老旧院落实现永续自治的运行机制。还要为该院落孵化培育一支具有自治能力的自组织。通过分析本社区居民人员的组成之后，发现登记在册的党员有5人，居民骨干近10人，具有一定可挖掘的自治力量。

2017年，社工通过走访社区网格员和小区居民骨干了解社区资源，在项目启动仪式中发动100多名居民参与，在了解居民需求的同时挖掘出社区专业绘画爱好者3人、自组织3支、院落管理小组和监督小组2个、社区骨干4人、志愿者近20人，撰写了"我爱大樟树"金沙路社区楼宇空间营造《项目需求调查报告》，通过对自治基础的挖掘，为项目的顺利运行和开展奠定了重要基础，迈出了重要一步。

项目培育了在地自治类备案组织4支，同时通过开展讲座和外出参访为在地自组织进行能力提升，并为其资源链接社区公服资金，协助其开展公益活动。对于这些社区内的自治力量，首先确认在依托之前在连续开展"自扫门前雪"楼道清理、"畅通楼道"大物清除等楼道整治活动中，发现了团队潜在的获得群众认可的目标领袖。其次，协助小区居民成立楼道治理类的互助公益微组织。适时宣布组织成立，讨论组织名称，制定组织章程（目的、服务对象、领袖分工、成员行为规范、服务项目、服务时间），设计社团LOGO，确定组织领袖等。在这样的过程中，项目通过挖掘院落党员、居民骨干、社区达人和志愿者等在地资源，培育出了绿色家园互助会、乐天派乒乓球协会、天伦徒步队和山河旅游队等4支自治类公益微组织，并开展了多次能力提升活动。他们目前已经独立开展各类公益活动超过3次，院落居民的自治能力得到提升，培育了居民共建共治共享的自治意识。

为了保证项目的可持续性发展，防止项目结束之后，对社区的管理和整治由此停止，居民对自身的自管能力下降，本项目必须具有可持续性发展的特点。一方面，社区和百事可托组织协助这些新培育的微组织运用心智图绘制搜索图，搜寻社区的相关人力资源和单位资源。另一方面，社工陪同新成立的微组织开展资源链接，争取社区内外部的资金和资源，为新组织的生存和发展创造条件。

五 成效与反思

"我爱大樟树"金沙社区楼宇空间项目营造自2017年7月组织开展以来，在街道和社区支持下共计开展活动24次，直接参与居民超过600人次，其中开展以挖掘大樟树口述史为主题的文化活动6次，很好地增强了居民对院落的认同感和归属感。开展特色化楼道治理公益活动8次，发动居民治理出了11个主题楼栋和30个特色单元楼道，营造出了"一楼一主题"，"一单元一特色"，"一单元一公约"，"一主题一故事"的楼宇空间特色环境，超额完成了特色楼道的营造目标任务，较好地改善了居民的居住环境。

项目通过社区居民的满意度评价、项目的可持续性和创新性、社区营造模式与机制、项目的推广性、社会效应（含社会评价、报道、宣传等）、社工和其他参与者的学习和成长及其他方面七个方面考量了项目的执行成效。

首先，居民满意度成效方面，居民对项目的满意度较高，通过单次活

"我爱大樟树"：营造空间 营造新愿景

动满意度测评均高于95%，居民普遍希望以后能够继续在院落开展此类型的项目。

其次，可持续性和创新性成效方面，其一，自组织培育的成效较好，项目可持续性较强。项目通过前期活动发现目标领袖和志愿者团队，培育在地自治类备案组织4支，同时通过开展讲座和外出参访为在地自组织进行能力提升。并为其资源链接社区公服资金，协助其开展公益活动。其二，切入点创新。以大樟树的口述史挖掘和居民对改善居住环境的需求为切入点，通过院落的在地文化故事挖掘为主线，开展以大樟树为主题的社区文化活动，增强居民对院落的归属感和认同感，营造有温度的社区。其三，项目始终坚持推动居民广泛参与，自下而上，协商自治的过程导向策略，采用培力与陪伴相结合的方式，把培育居民共建共治共享的公民意识贯穿于项目的全部过程中。

再次，社区营造模式与机制方面，其一，项目营造模式之一是通过开展以在地文化挖掘为主线的系列主题活动，营造出居民对院落和社区的认同感和归属感，从而撬动居民参与项目活动和环境自治的积极性。其二，项目营造模式之二是围绕居民的需求，发动居民开展了以楼道治理和特色化营造为主线的系列自治类主题活动，协力居民改善了他们的居住环境，培育了他们共建共治共享的公民意识。

又次，项目的推广度和可视化成效方面，项目的推广度和居民对项目的知晓度较高，通过开展特色化楼道治理公益活动，发动居民治理出了11个主题楼栋和30个特色单元楼道，营造出了"一楼栋一主题"，"一单元一特色"，"一单元一公约"，"一主题一故事"的楼宇空间画面。项目可视化成效较好。目前已经有另外的社区找到机构实施同样的项目了。

最后，项目的社会效益方面，项目先后获得了成都日报、蓉城先锋网、网易新闻、成都志愿者网、金牛社区公众号推送等市级以上媒体对"我说我楼"的专题报道达 8 次之多，取得了较好的社会效益。

在整个项目的实施过程中，项目既有优势有挑战，也有机会和不足。在项目的活动开展方面：项目的活动策划，始终要以居民的需求为出发点。在项目的实施过程中应该加大和社区以及居民的沟通力度，拓宽居民参与渠道，让更多的居民参加到项目活动中。同时，在遇到工作中的问题时，工作人员应该及时和街道、社区、居民骨干进行交流沟通，整合资源及时寻找出解决办法。在项目团队成员方面：在项目的实施过程中机构的工作人员对该项目应该及时反思和总结，并和机构其他人员讨论。

我们所理解的社区营造

社区营造可以说营造的是一种状态，是出入相友、守望相处、疾病相扶、邻里相亲的状态，这种状态就是成都人要去追寻的有温度共同体的社区。社区营造也可以说营造本身就是一个过程，是重构社区内居民的主体性，以集体行动的方式来回应社区中不断新旧叠加的生活议题。是状态亦是过程，本项目就是让愿景的状态透过过程的形塑落地生根在社区的土壤里。社区营造能否达到预期的愿景，除了需要时间与耐心来酝酿，也需要一个个扣紧问题与需求且能落地操作的项目慢慢堆砌而成。

社区故事写作者： 黄荣，中级社会工作师、社区营造师、成都市金牛区百事可托服务中心发起人。赵珍，助理社工师、一线社工。段语婷，社会工作专业本科、法学学士、助理社工师。

案例供稿机构： 成都市金牛区百事可托服务中心

"我爱大樟树"：营造空间 营造新愿景 ●●●

  中心成立于 2014 年 3 月，2016 年被评为 4A 级社会工作服务机构，曾荣获成都市委组织部和民政局联合颁发的"成都社会组织服务优秀案例"奖和金牛区优秀社工服务案例奖，具有多个专业社会工作服务和社区发展治理服务项目经验。近年来，机构已先后承接完成了成都市和金牛区民政局多个公益创投、社区营造、社会工作示范服务项目，以及多个街道和社区的社会组织服务平台项目。

附录 "社区故事社区写"社区营造案例指导课程实施方案

本指导方案由信义社区营造研究中心团队、成都城市社区学院以及社会科学文献出版社群学出版分社编辑团队联合开发,信义社区营造研究中心团队成员进行讲授,成都城市社区学院协助实施。

写作方法：

- 指导者协助社区故事记录者收集整合社区内社区营造资料,并掌握一定定性调研方法,挖掘所需信息。
- 以自组织理论为指导、以社区营造具体工作方法步骤为结构、以社区营造历程和人物故事为线索,为故事写作者搭建案例框架。
- 线下授课、线上讨论跟进进度、依据具体情况指导者随记录者进入社区调研。

辅导安排：

	辅导主题
第一轮	1. 破冰、相识 2. 认识社区营造与自我在社区营造中的角色
第二轮	1. 什么是好故事：写作案例资源开发、定性调研方法 2. 阶段总结、任务布置

附录 "社区故事社区写"社区营造案例指导课程实施方案

续表

	辅导主题
第三轮	1. 社区营造理论与实践方法 2. 什么是好结构：案例写作框架 3. 阶段总结、任务布置
第四轮	1. 故事记录者分享交流各社区故事的写作主题、案例逻辑与框架、重点故事 2. 案例写作的具体整合方法——参考案例写作过程分析 3. 什么是好内容：案例体例、语言风格、故事结构
第五轮	初稿交流、相互评价、发现不足

参考资料：

● 罗家德、梁肖月：《社区营造的理论、流程与案例》，社会科学文献出版社，2017。

● 曾凡木等：《睦邻·自治·社区治理：上海嘉定区案例集》，社会科学文献出版社，2017。

● 朱蔚怡、侯新渠编著：《谈谈社区营造（上）》，社会科学文献出版社，2015。

图书在版编目(CIP)数据

社区故事社区写：成都社区营造案例集/成都城市社区学院-清华信义社造研究中心社造案例集联合编写小组编. -- 北京：社会科学文献出版社, 2020.12 (2022.1 重印)
(社区营造专业教研书系. 本土案例系列)
ISBN 978-7-5201-7541-8

Ⅰ.①社… Ⅱ.①成… Ⅲ.①社区建设-案例-成都 Ⅳ.①D669.3

中国版本图书馆CIP数据核字(2020)第209163号

社区营造专业教研书系·本土案例系列
社区故事社区写
——成都社区营造案例集

编　　者 / 成都城市社区学院-清华信义社造研究中心社造案例集联合编写小组

出 版 人 / 王利民
责任编辑 / 谢蕊芬
文稿编辑 / 蔡晓颖
责任印制 / 王京美

出　　版 / 社会科学文献出版社·群学出版分社 (010) 59366453
　　　　　地址：北京市北三环中路甲29号院华龙大厦　邮编：100029
　　　　　网址：www.ssap.com.cn
发　　行 / 社会科学文献出版社 (010) 59367028
印　　装 / 三河市尚艺印装有限公司
规　　格 / 开　本：787mm × 1092mm　1/16
　　　　　印　张：15.25　字　数：200千字
版　　次 / 2020年12月第1版　2022年1月第2次印刷
书　　号 / ISBN 978-7-5201-7541-8
定　　价 / 69.00元

读者服务电话：4008918866

版权所有 翻印必究